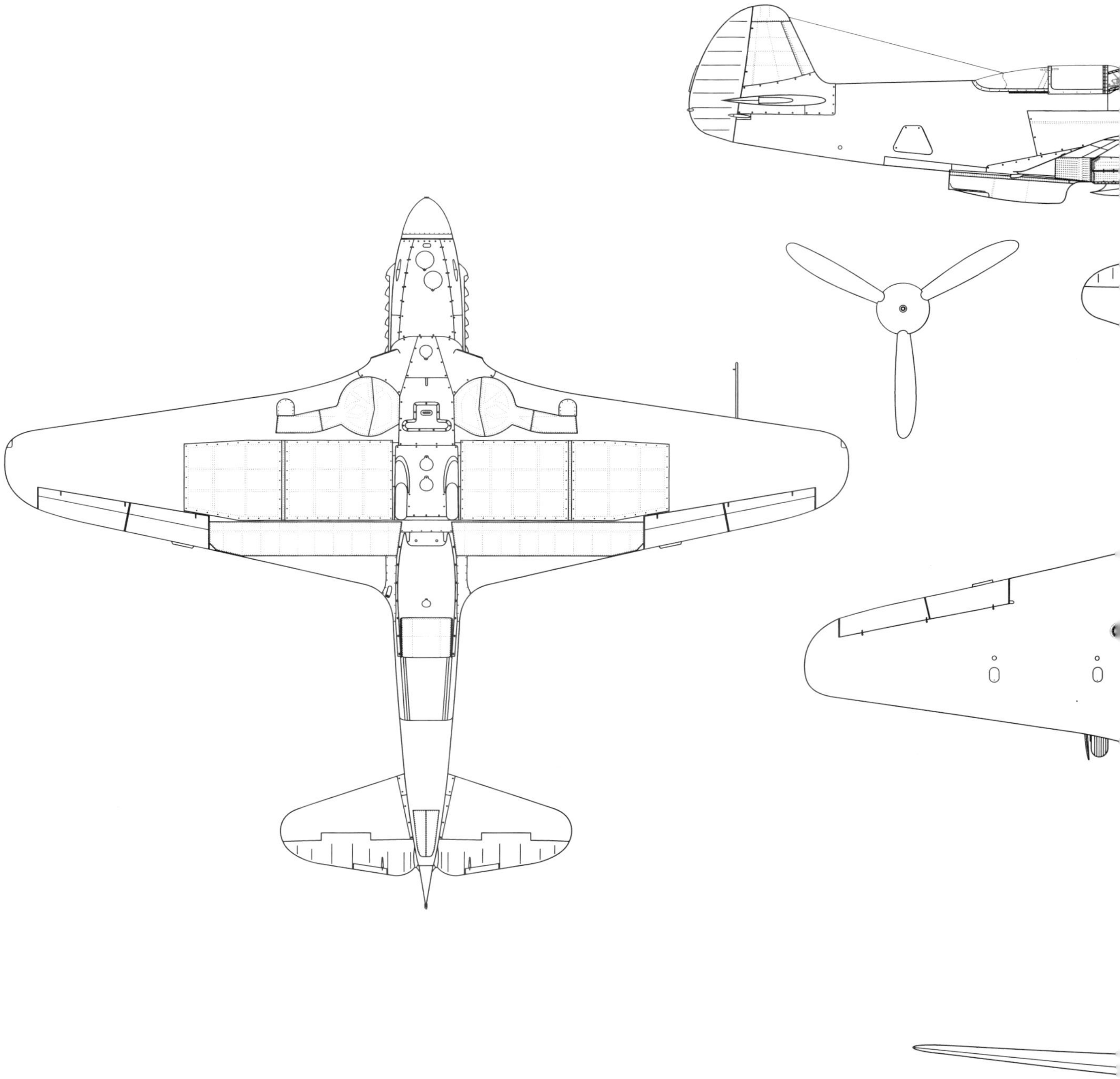

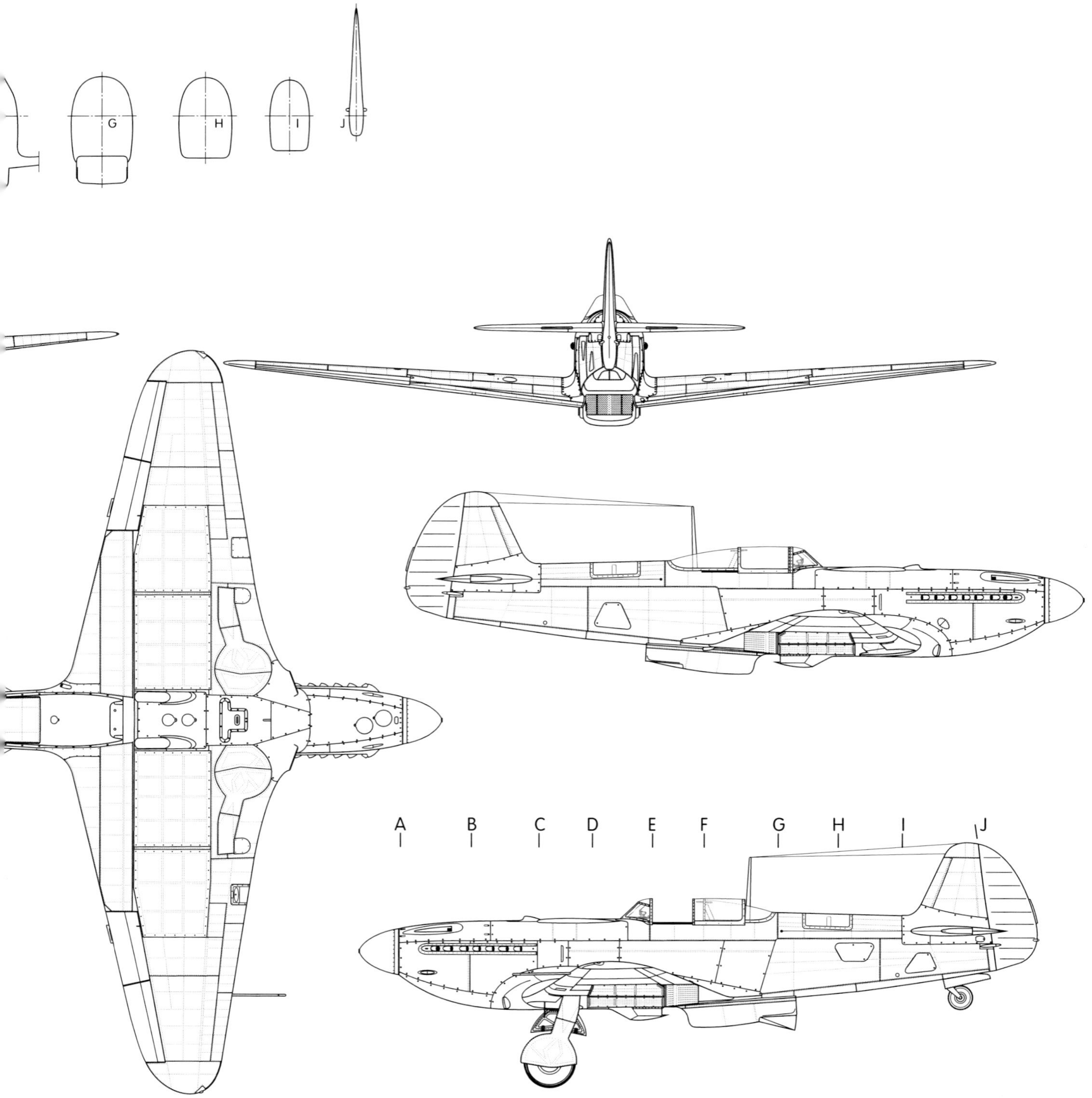
G
H
I
J
A
B
C
D
E
F
G
H
I
J

Yakovlev Yak-9P

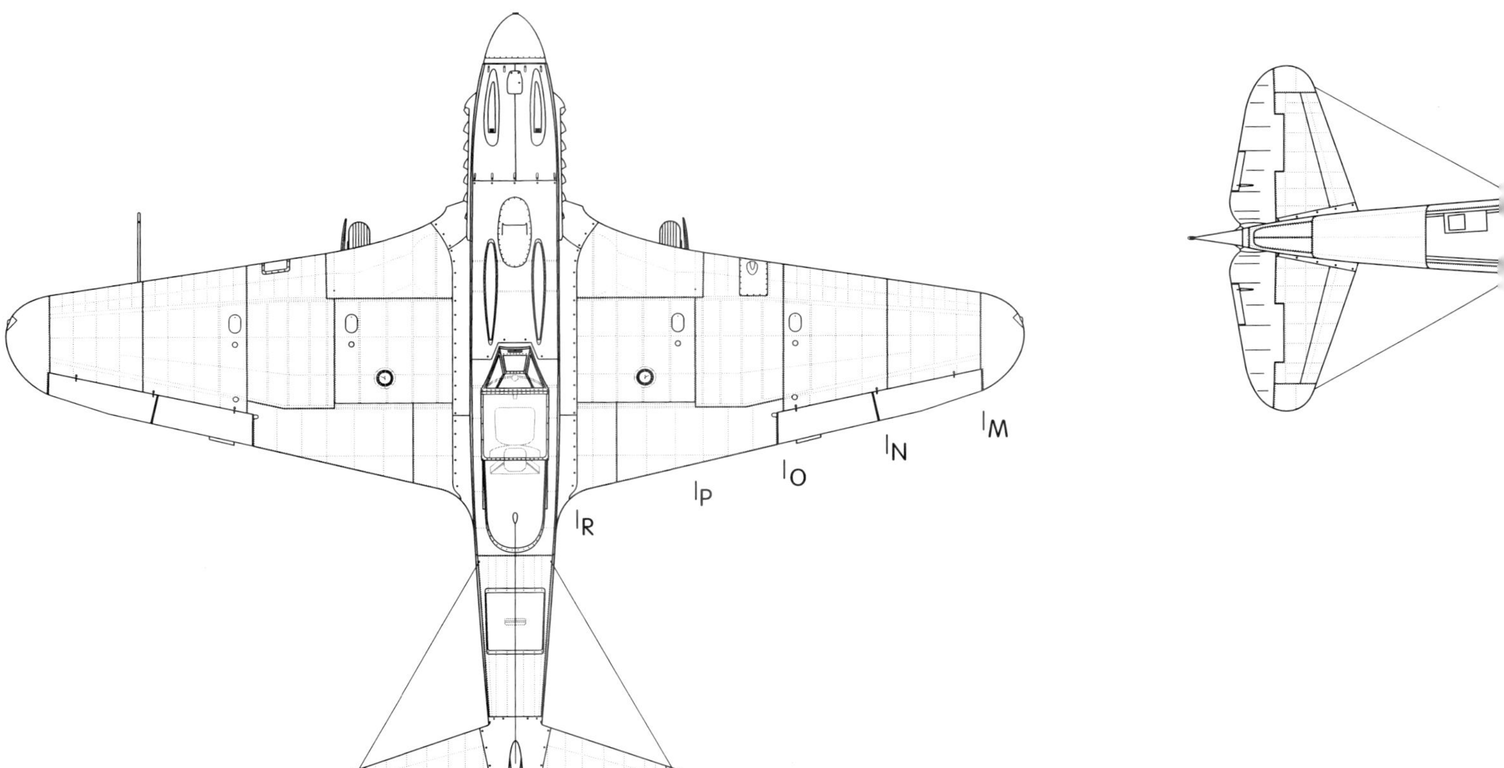

Yakovlev Yak-9U

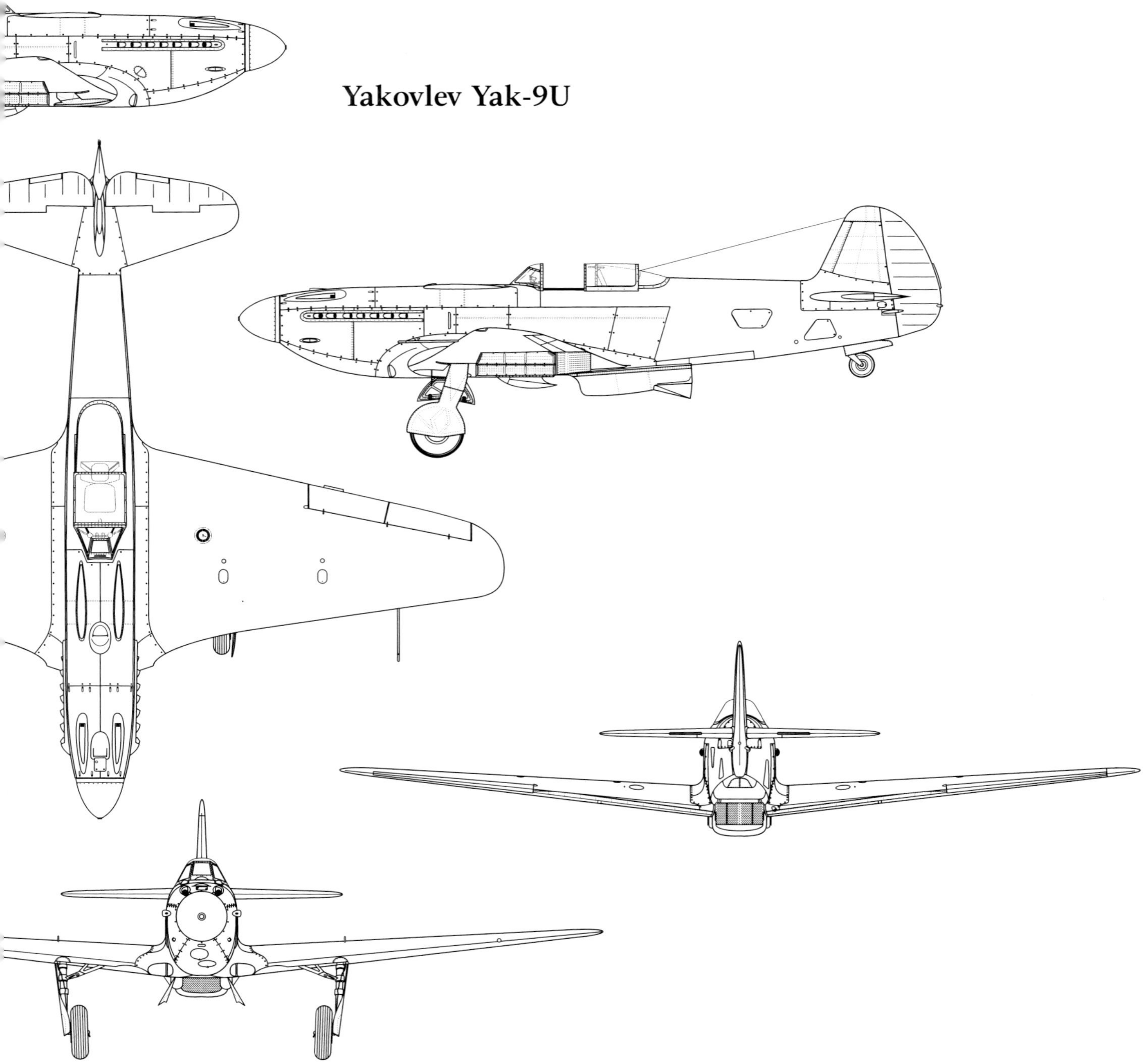

Yakovlev Yak-9P

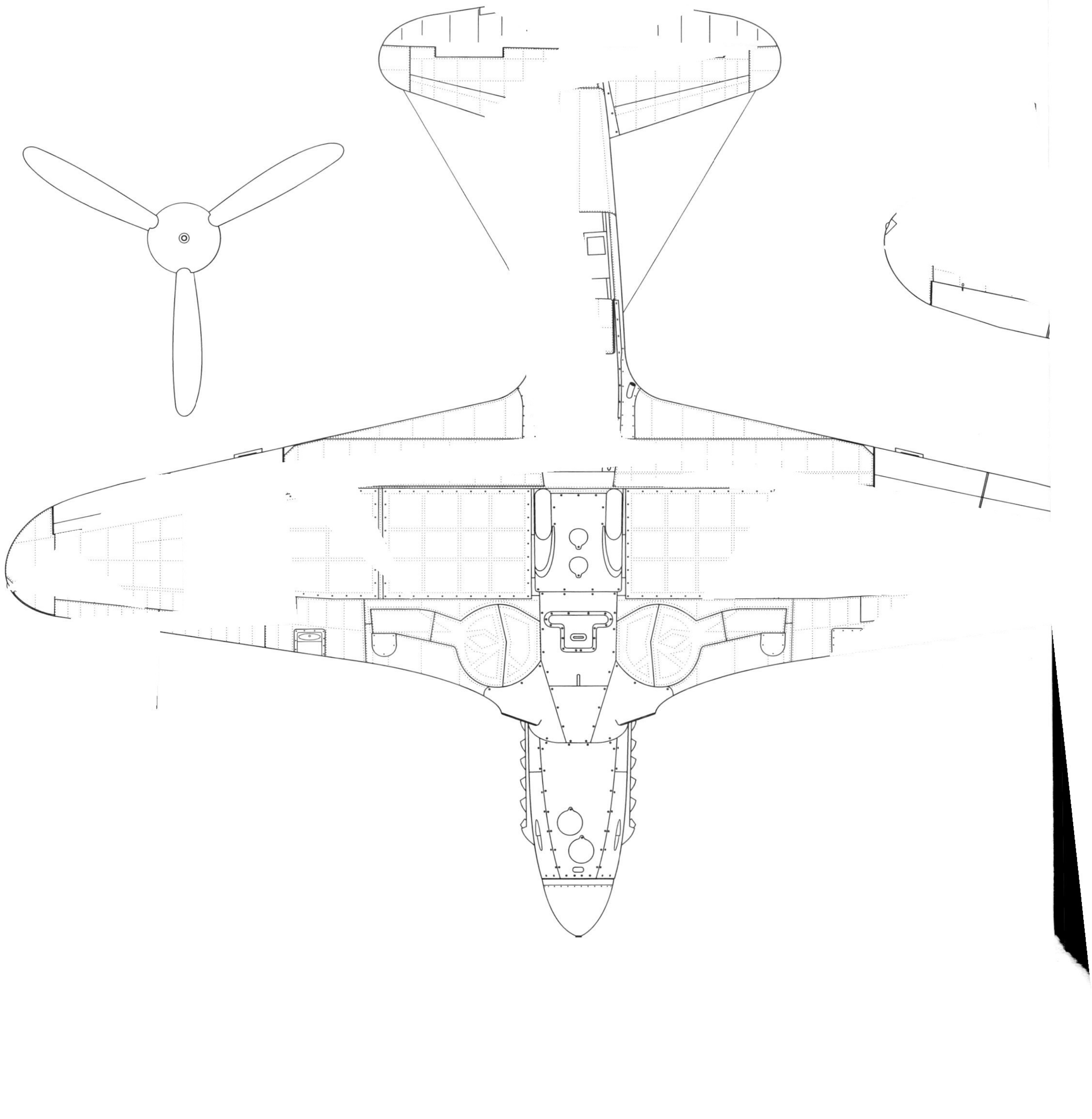

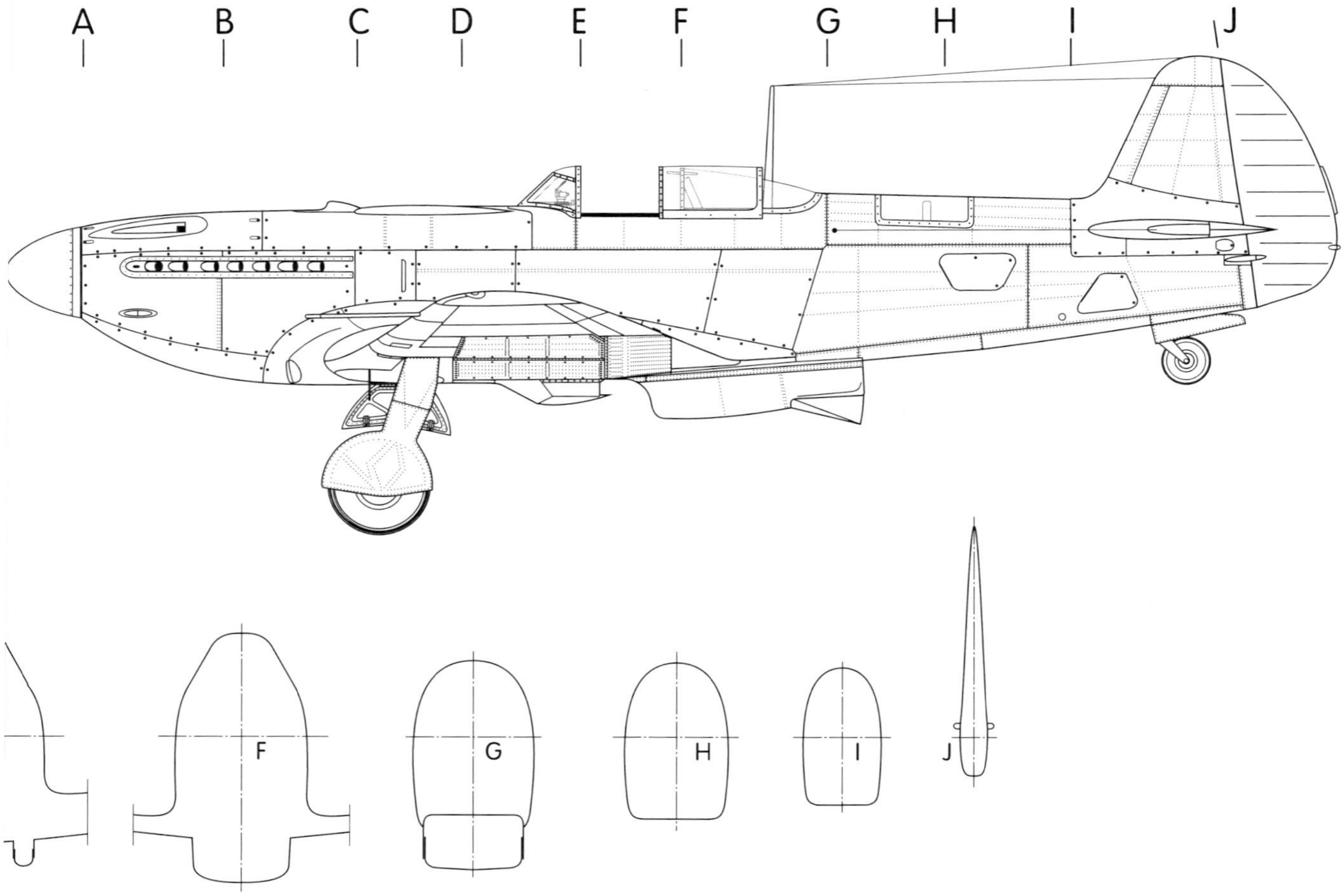

Yak-9P

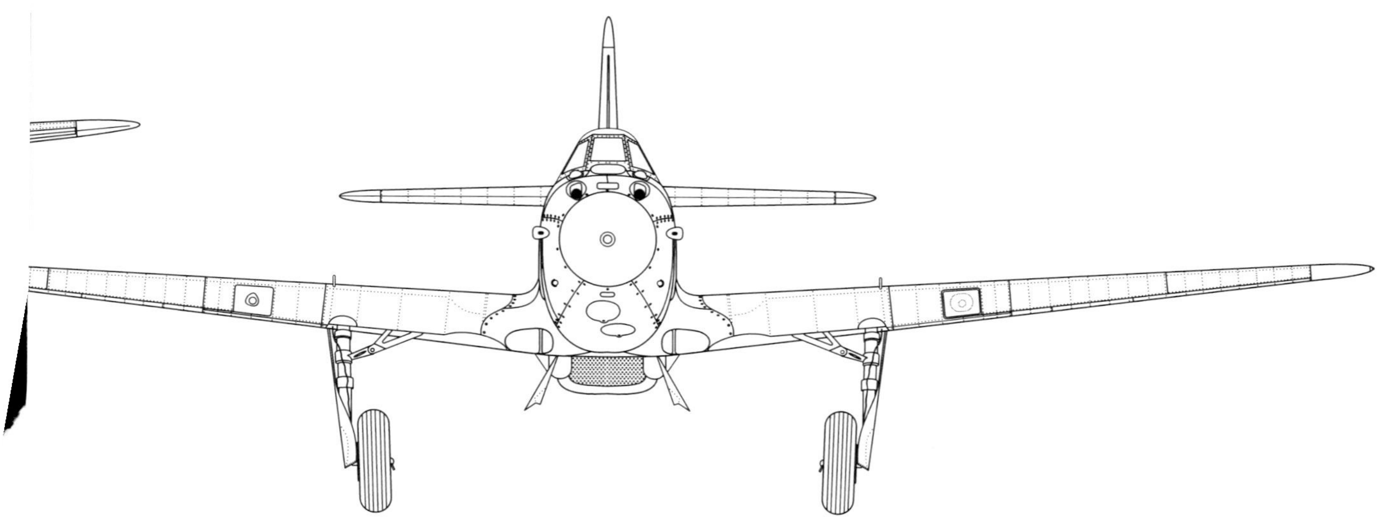

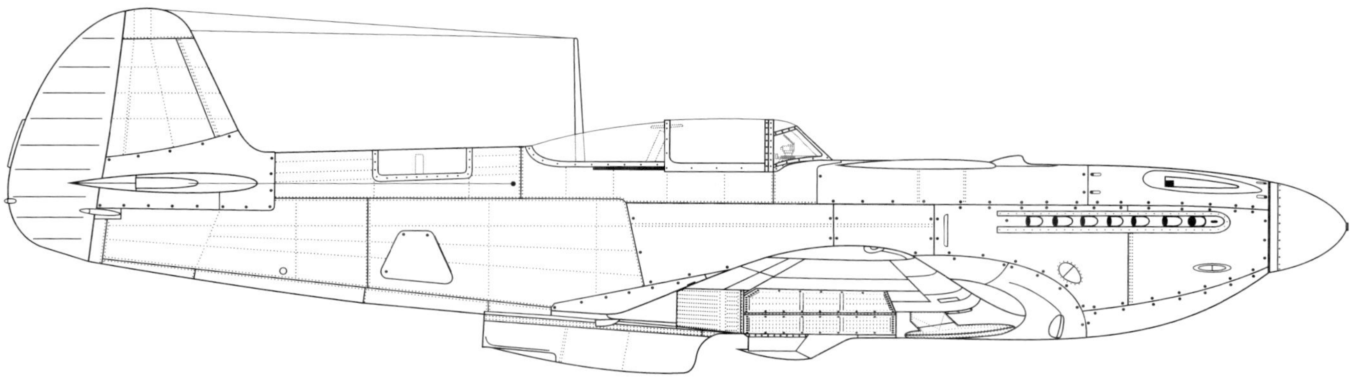

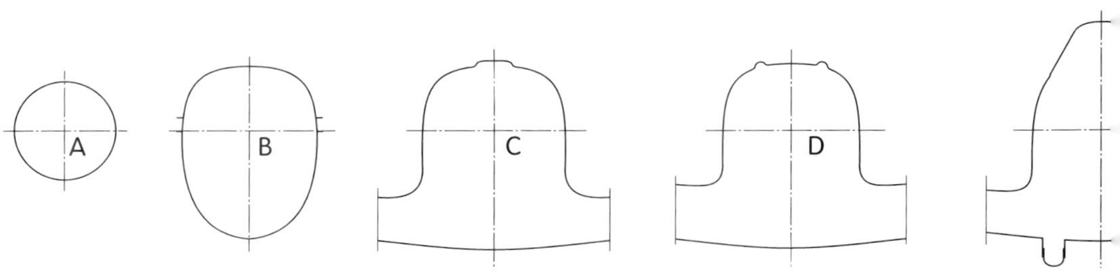

Yakovlev

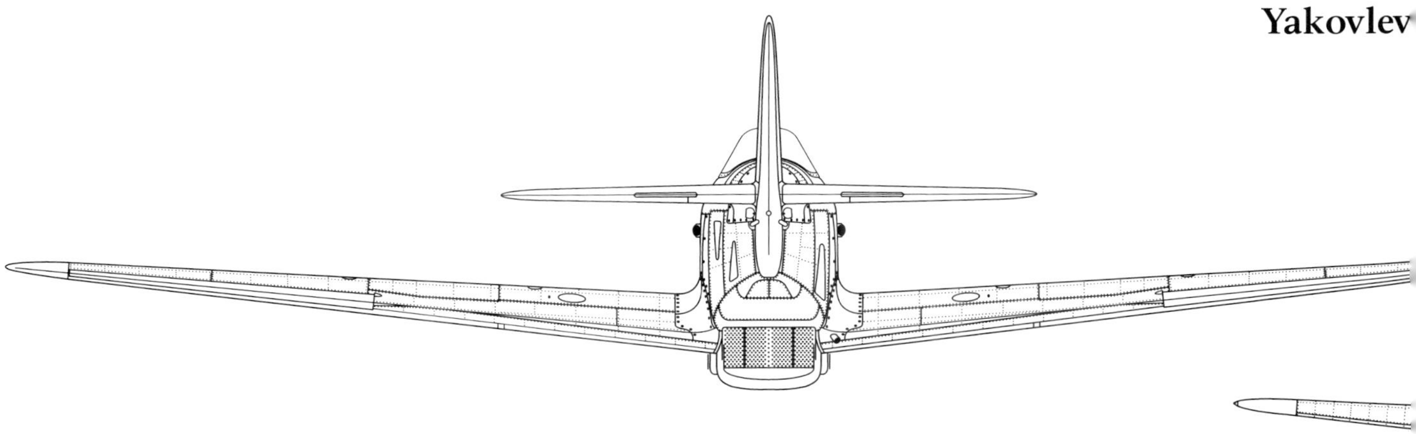

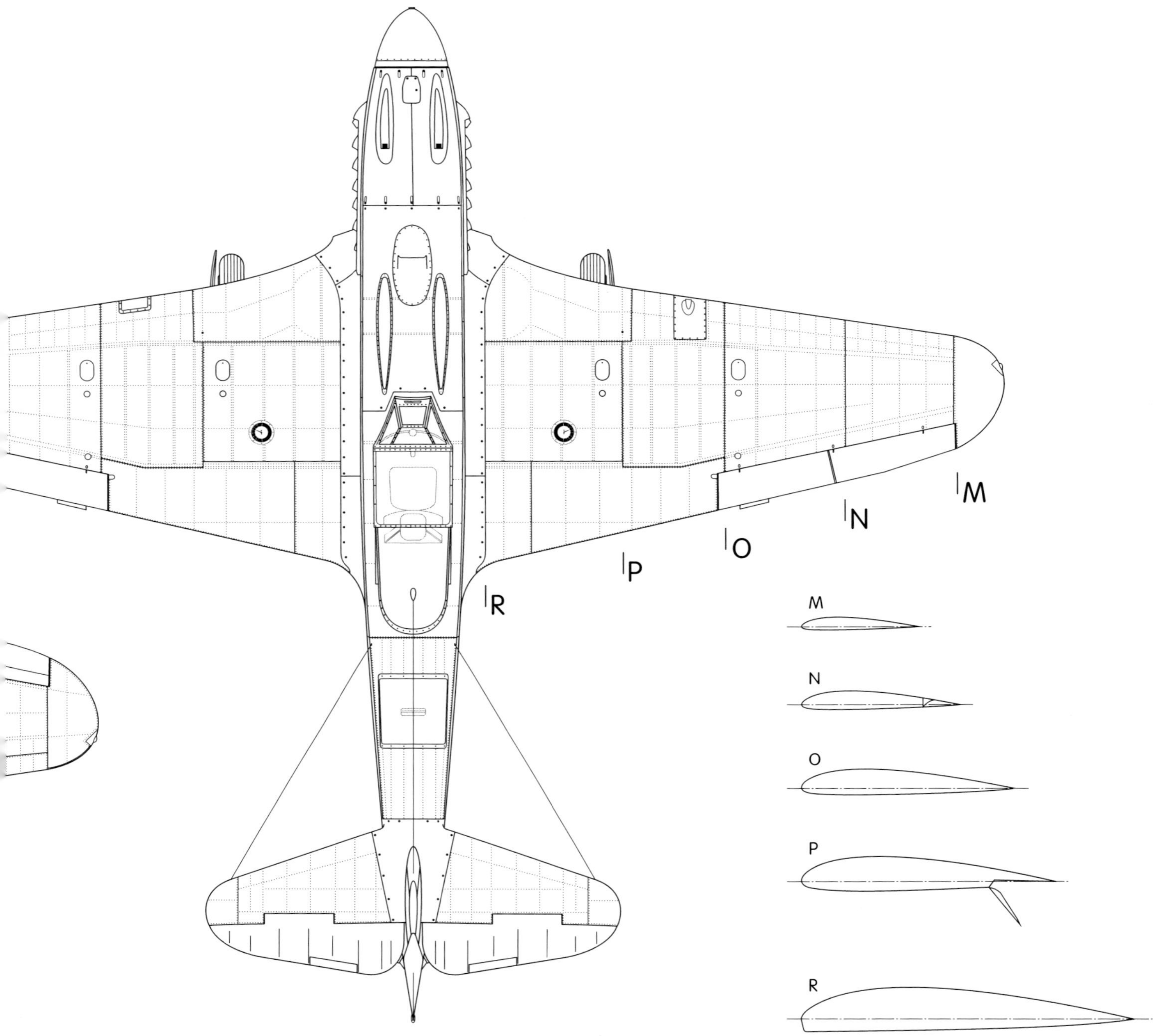

M
N
O
P
R
M
N
O
P
R

Yakovlev Yak

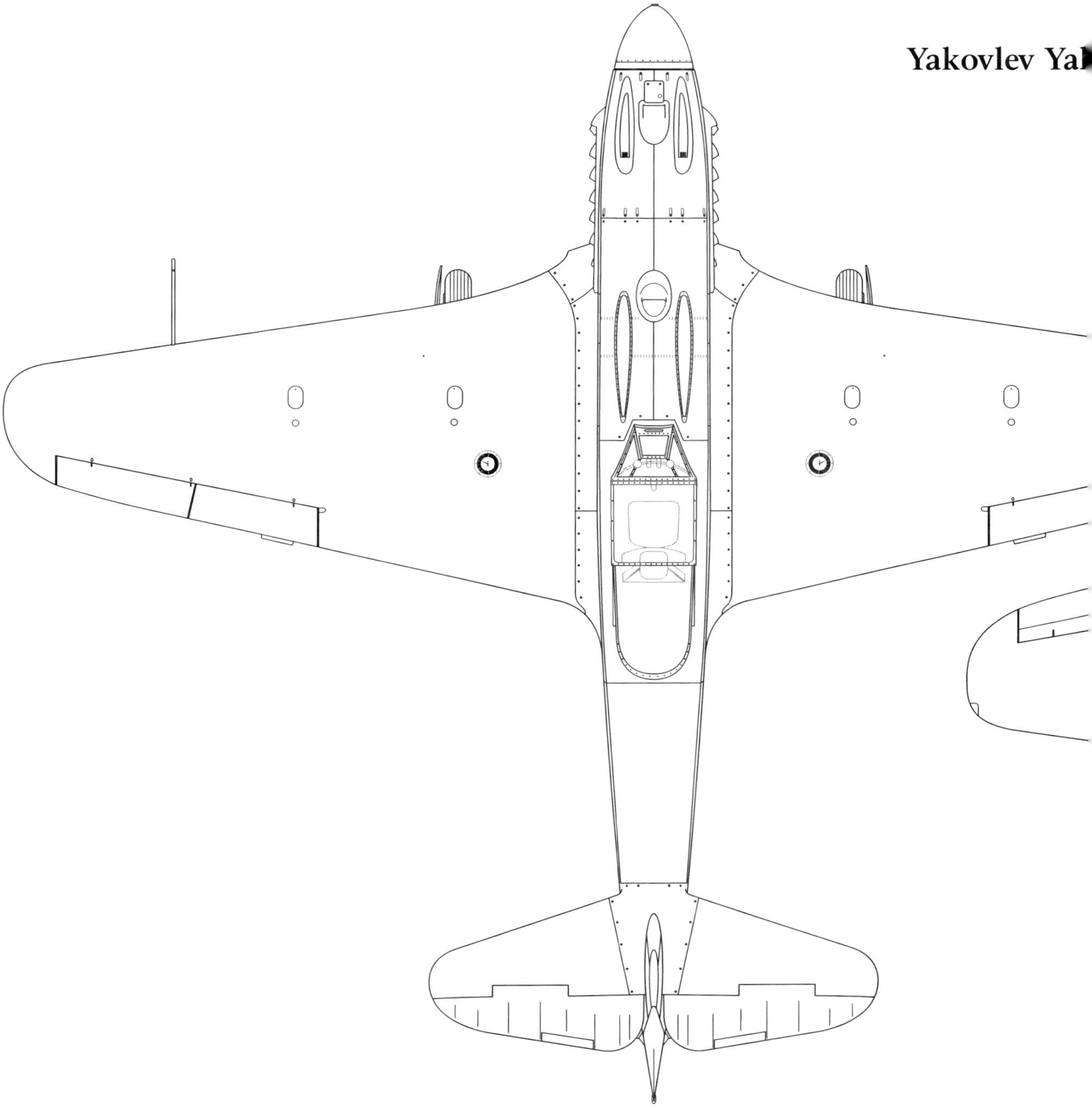

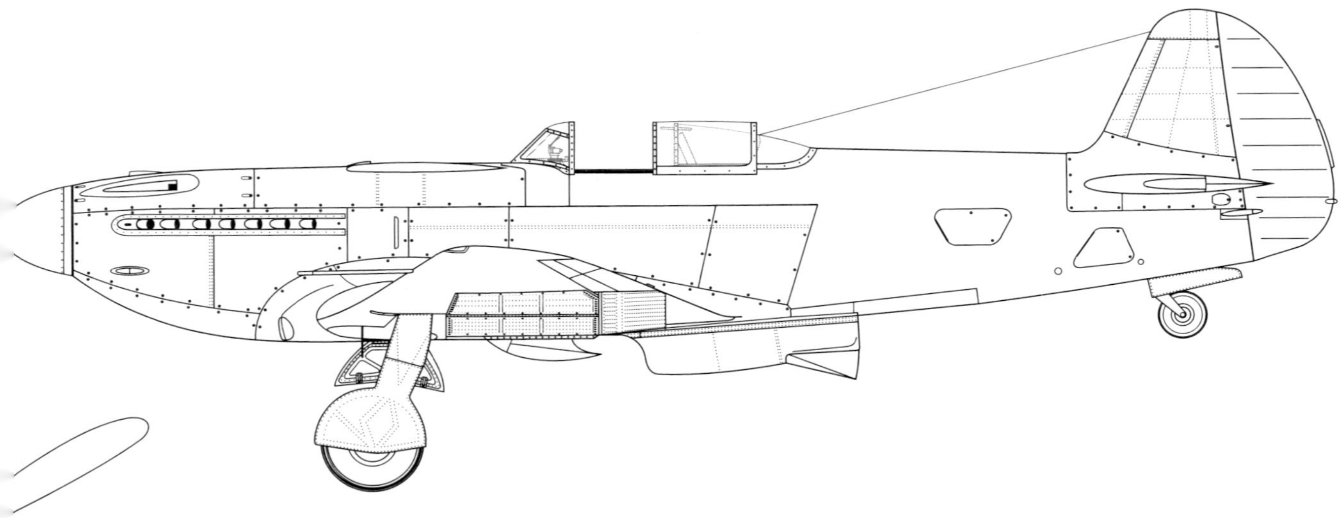

Yakovlev Yak-9U

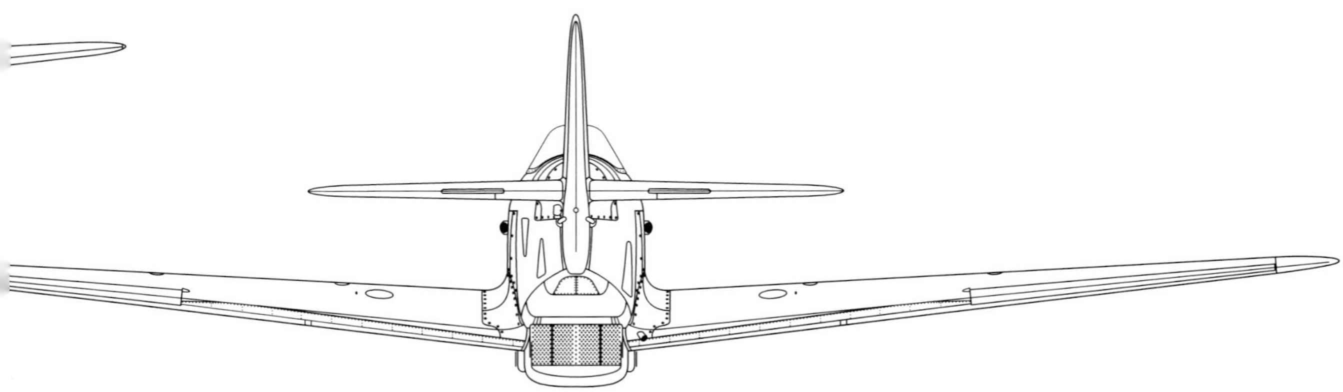

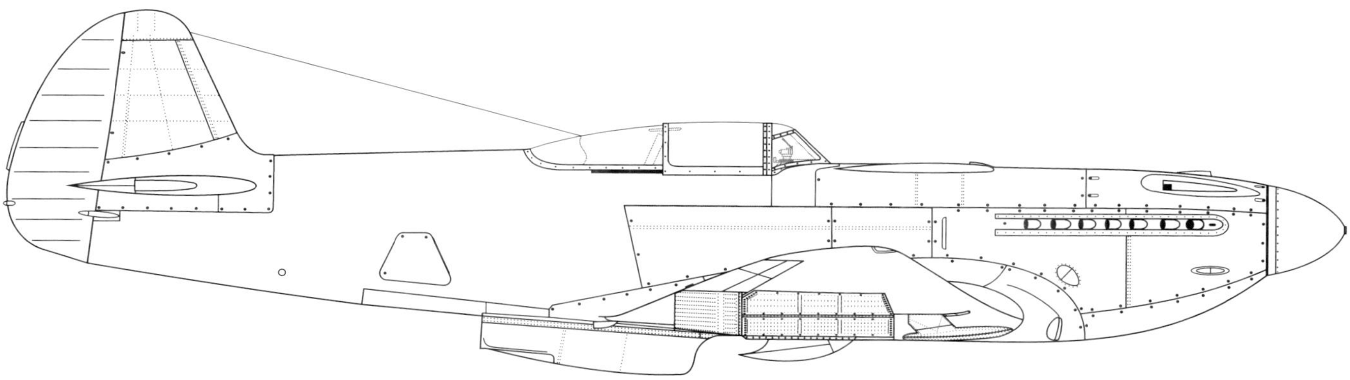

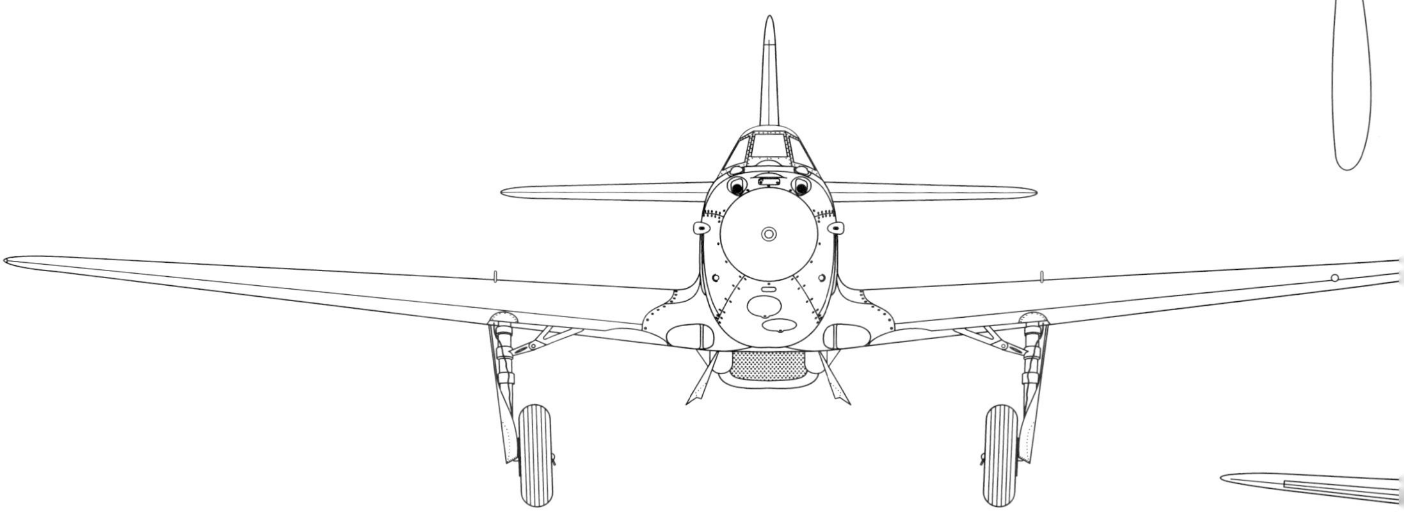

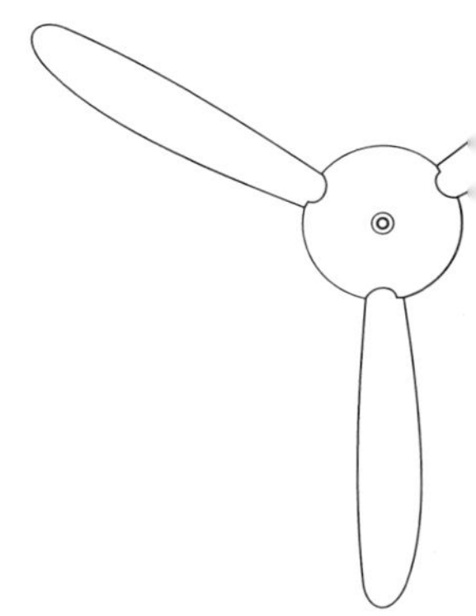

9U

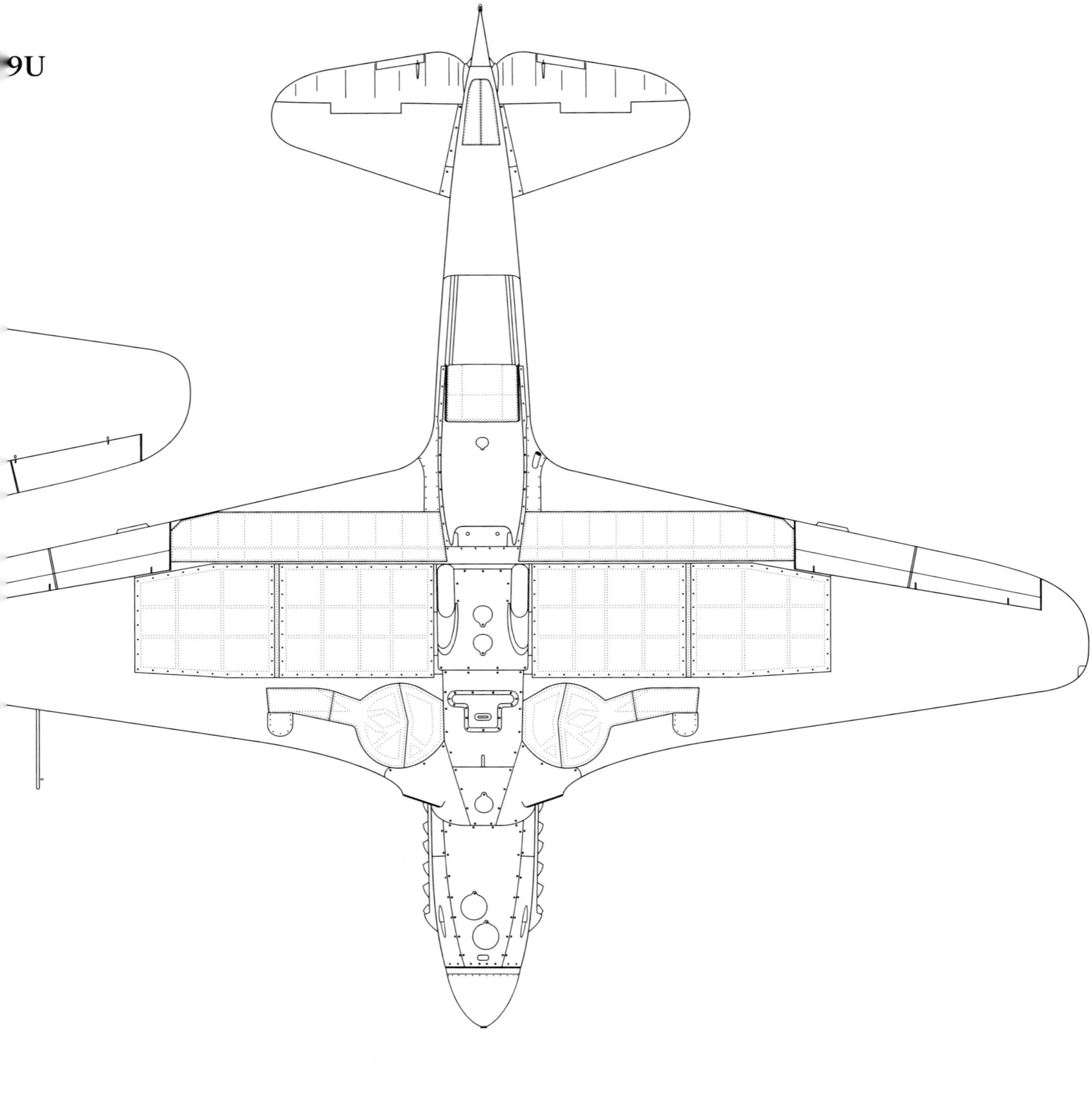

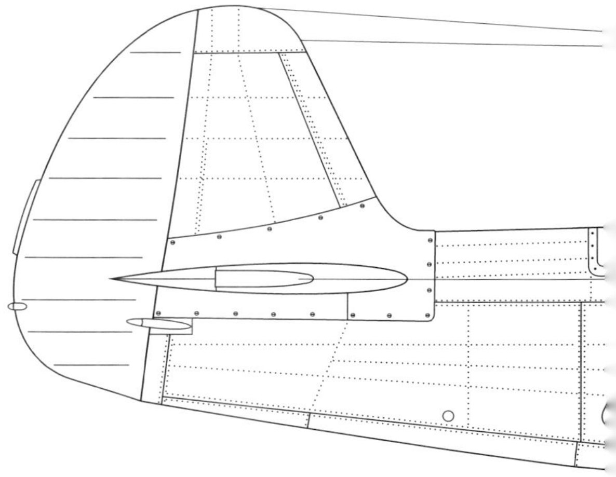

Yakovlev Yak-9P

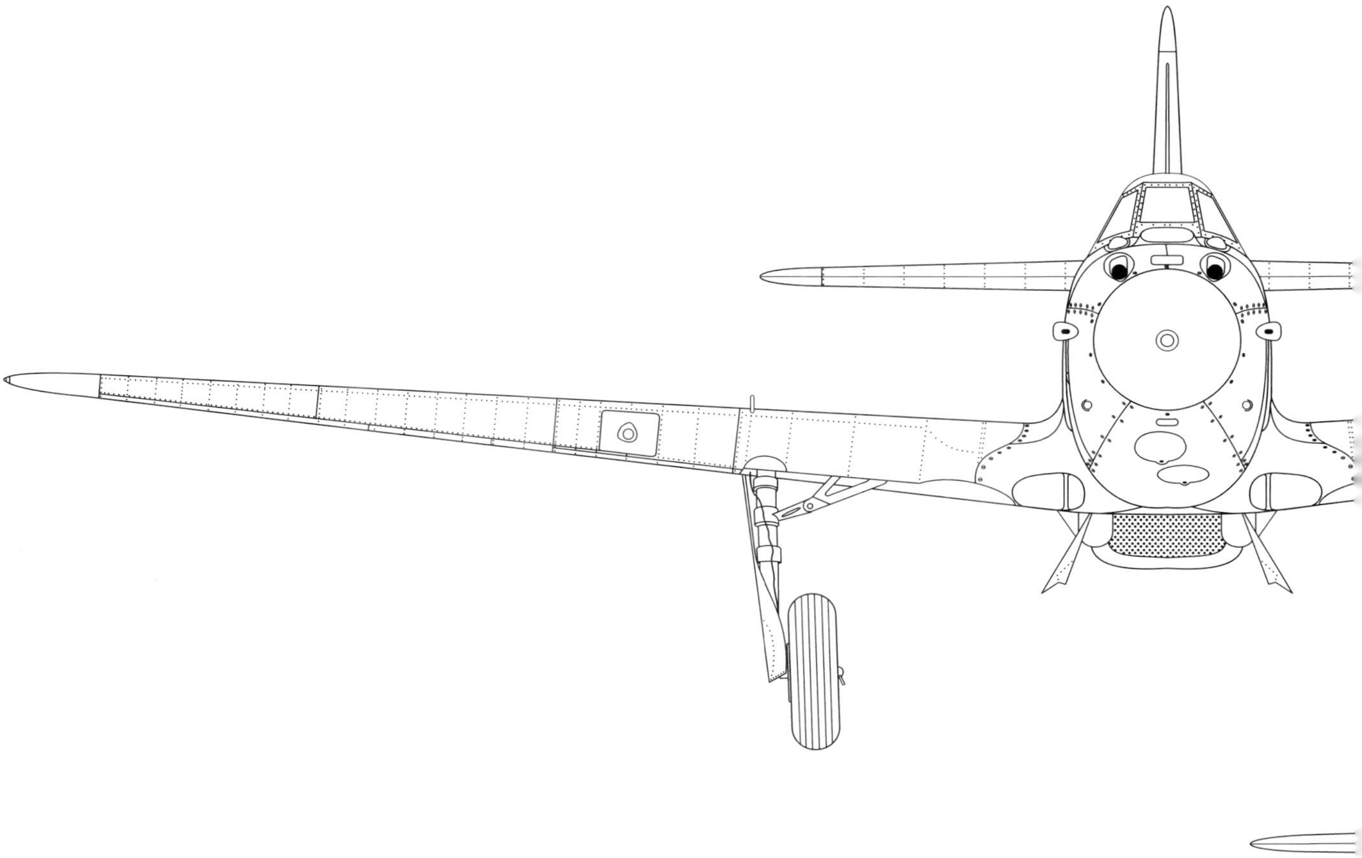

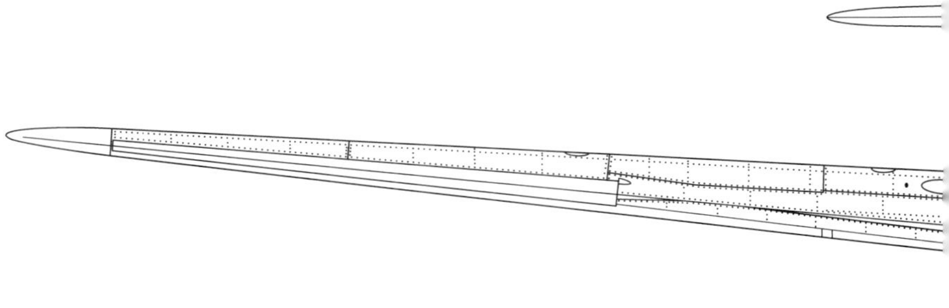

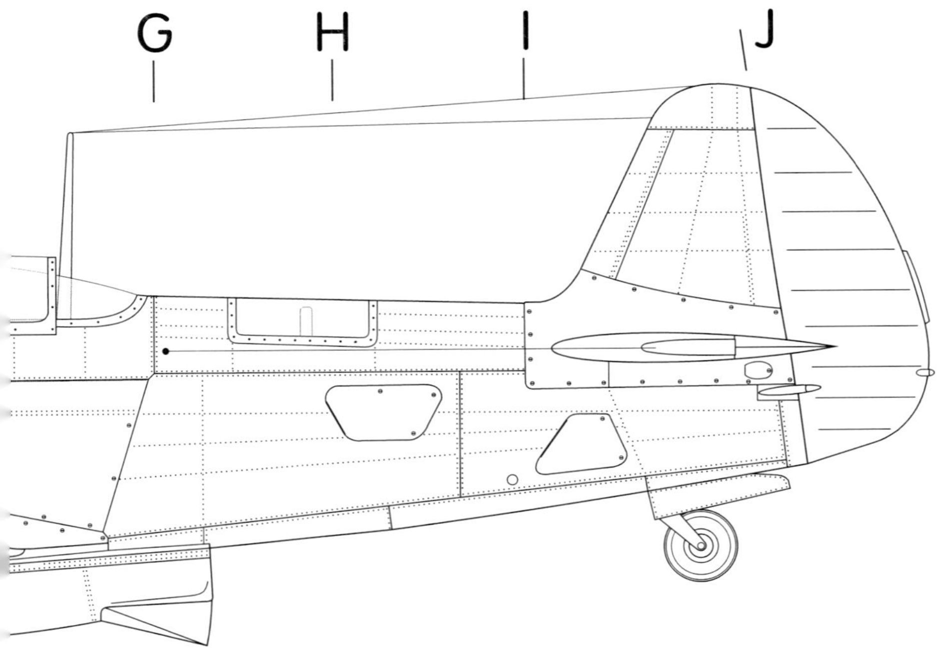
G
H
I
J

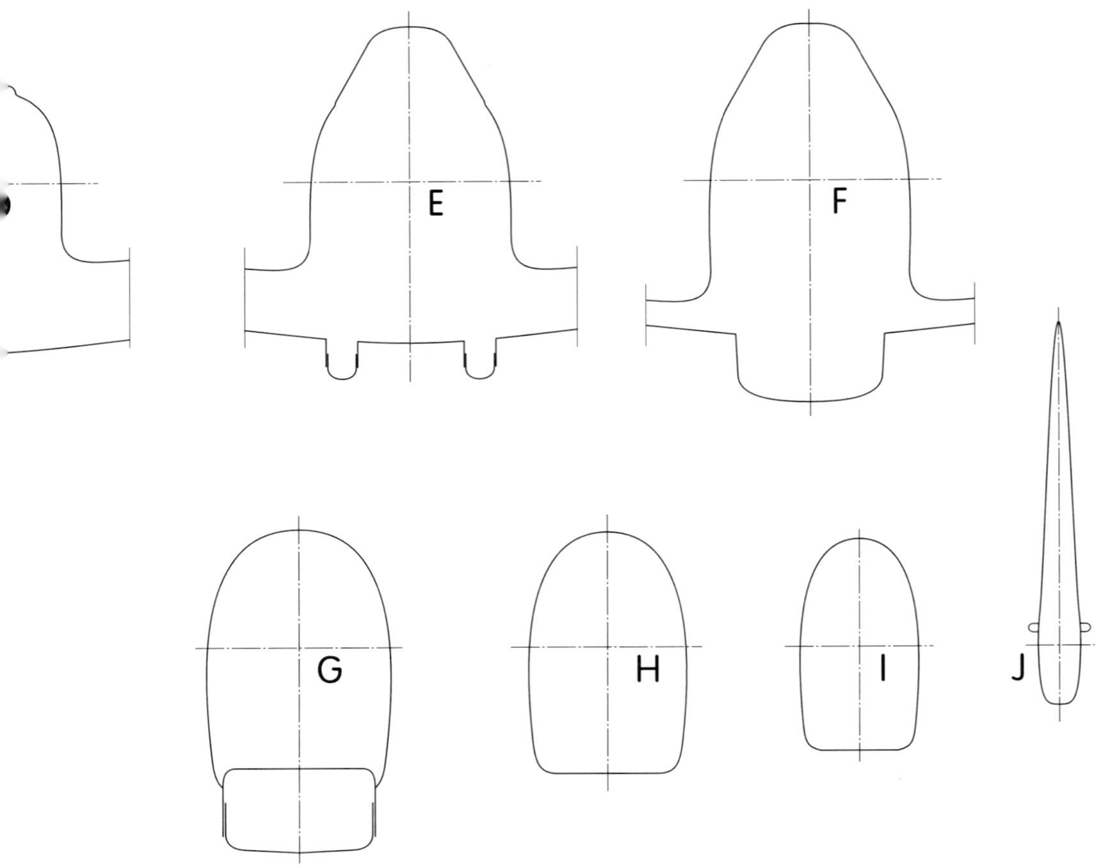
E
F
G
H
I
J

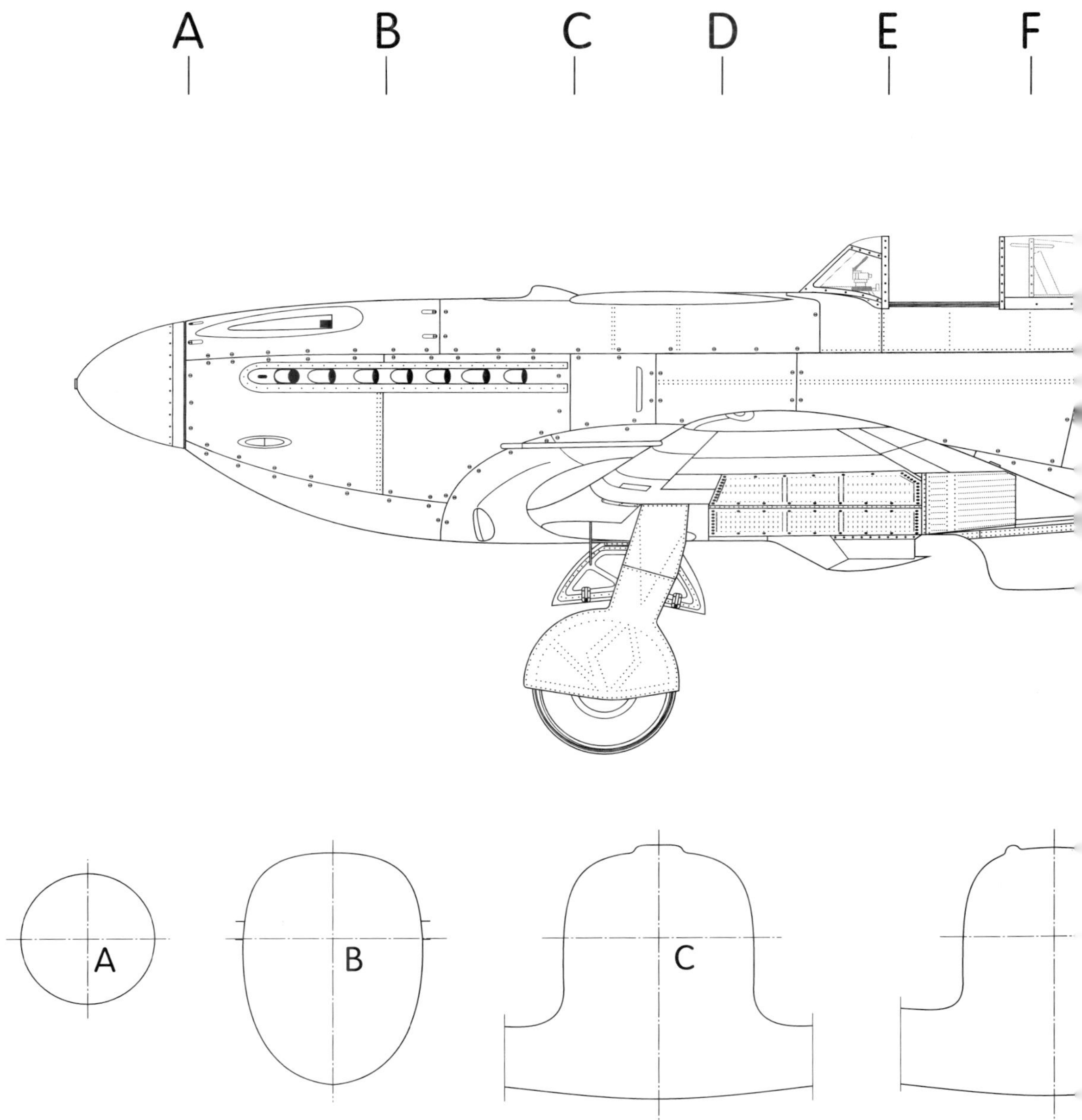

Yakovlev Yak-9P

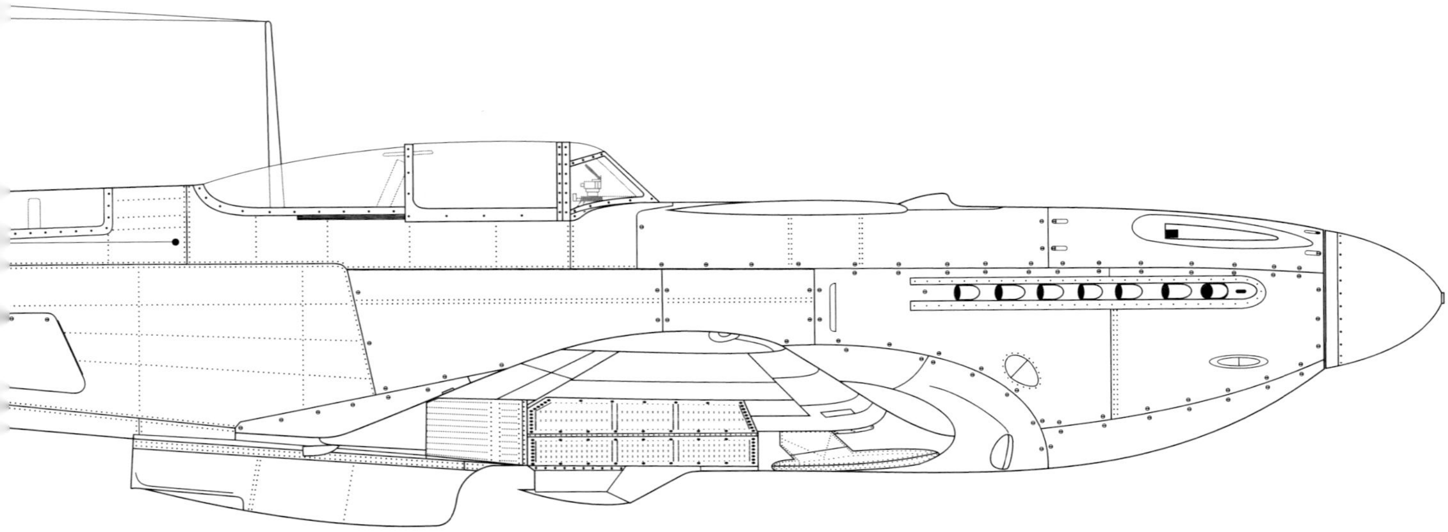

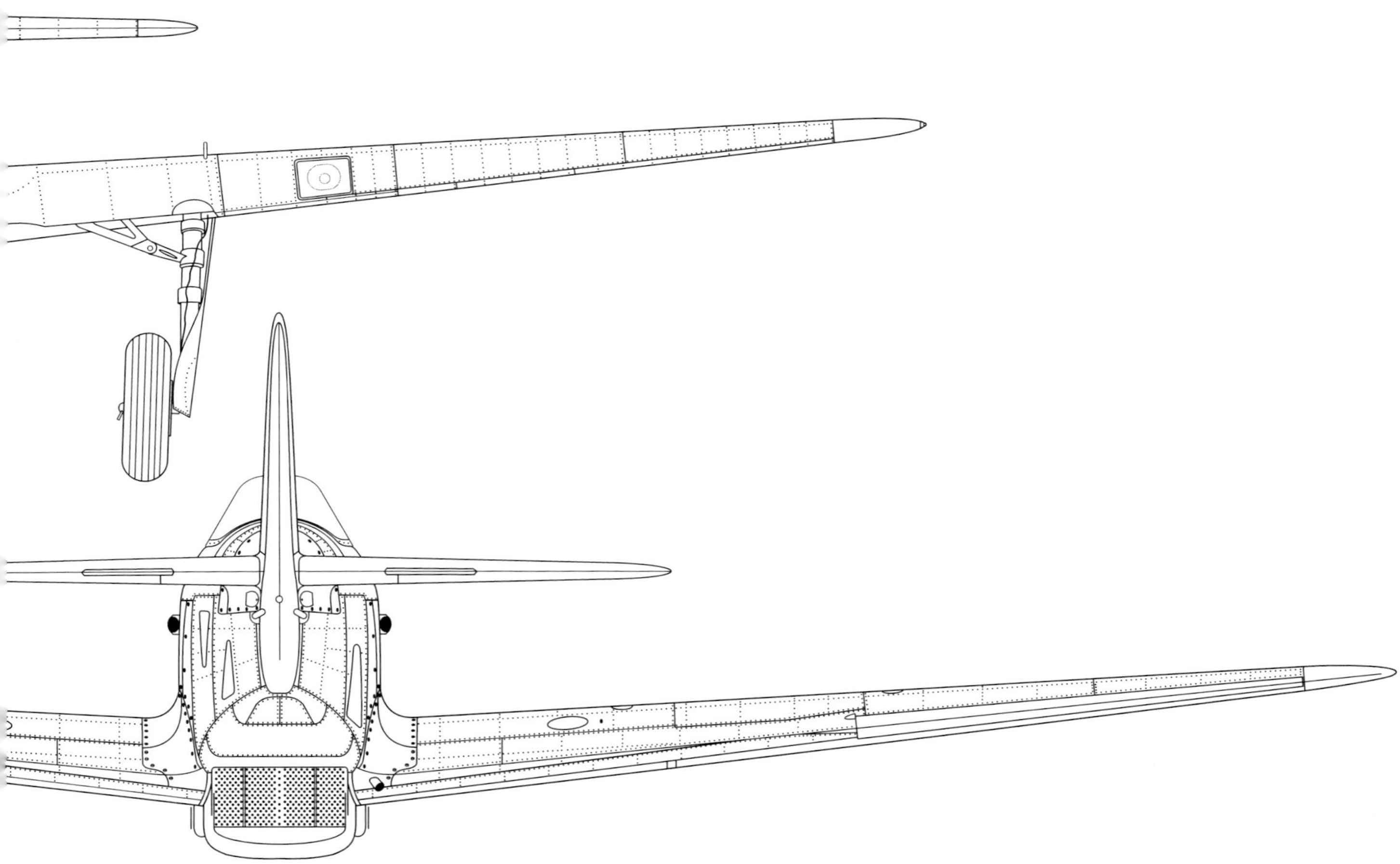

Yakovlev Yak-9P

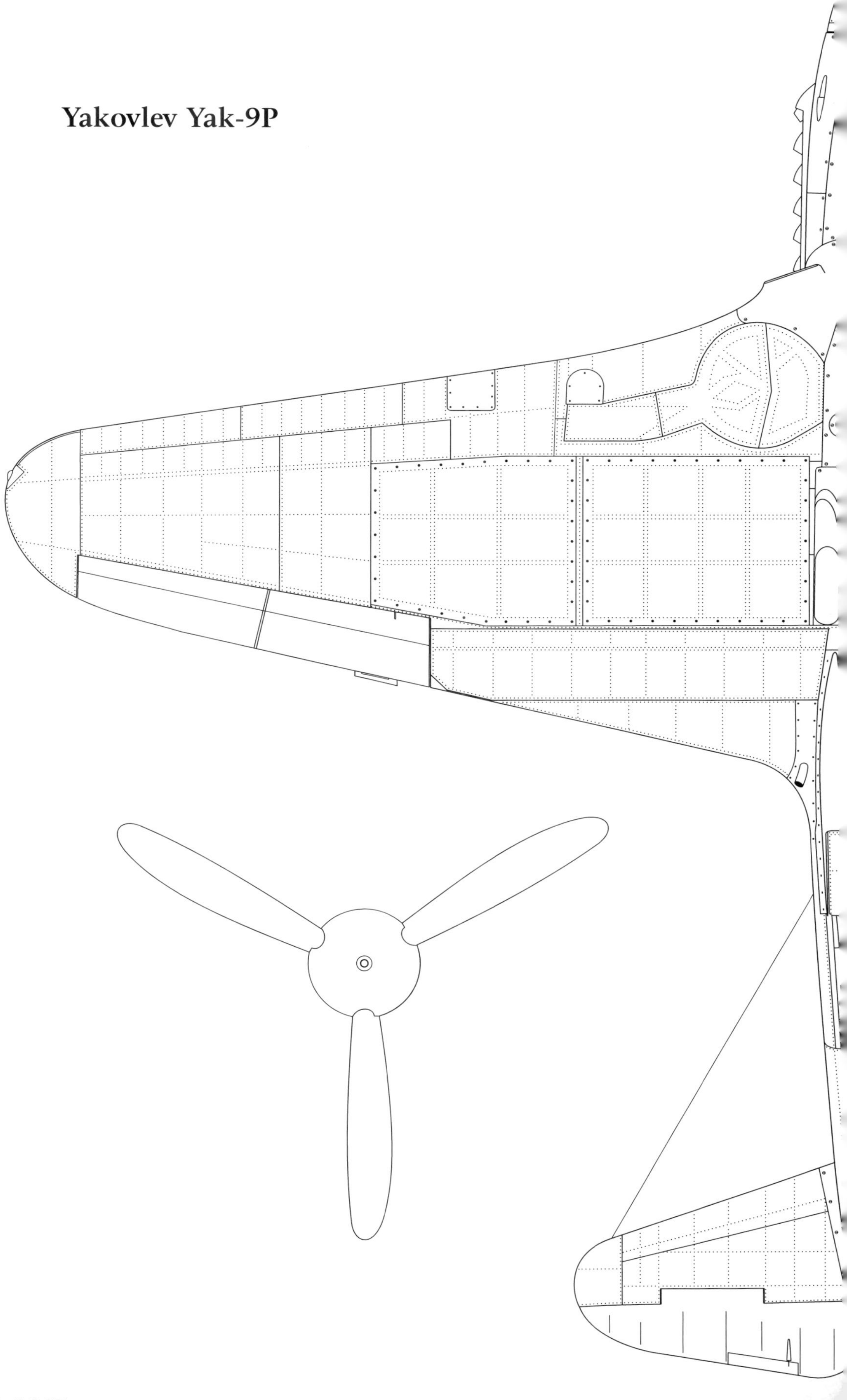

Yakovlev Yak-9P

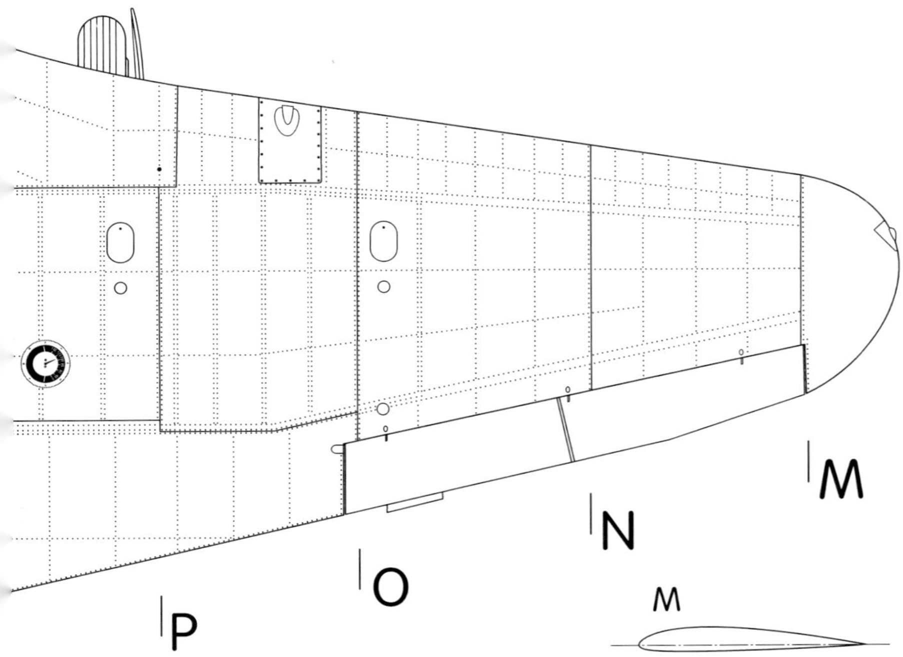

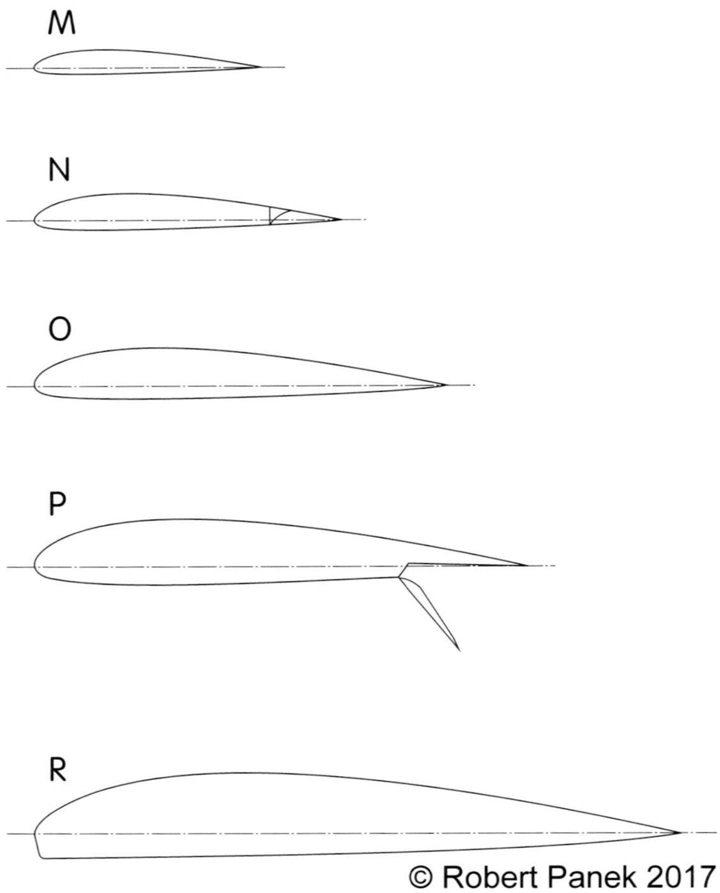

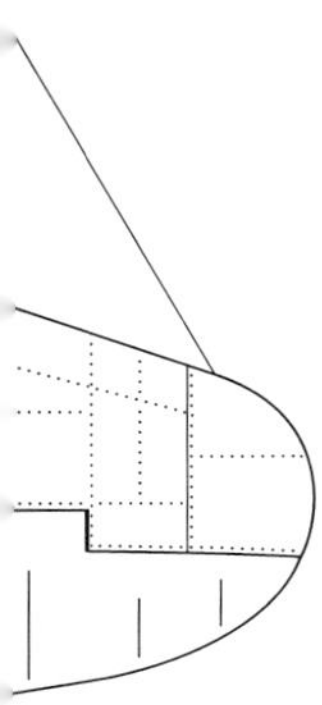

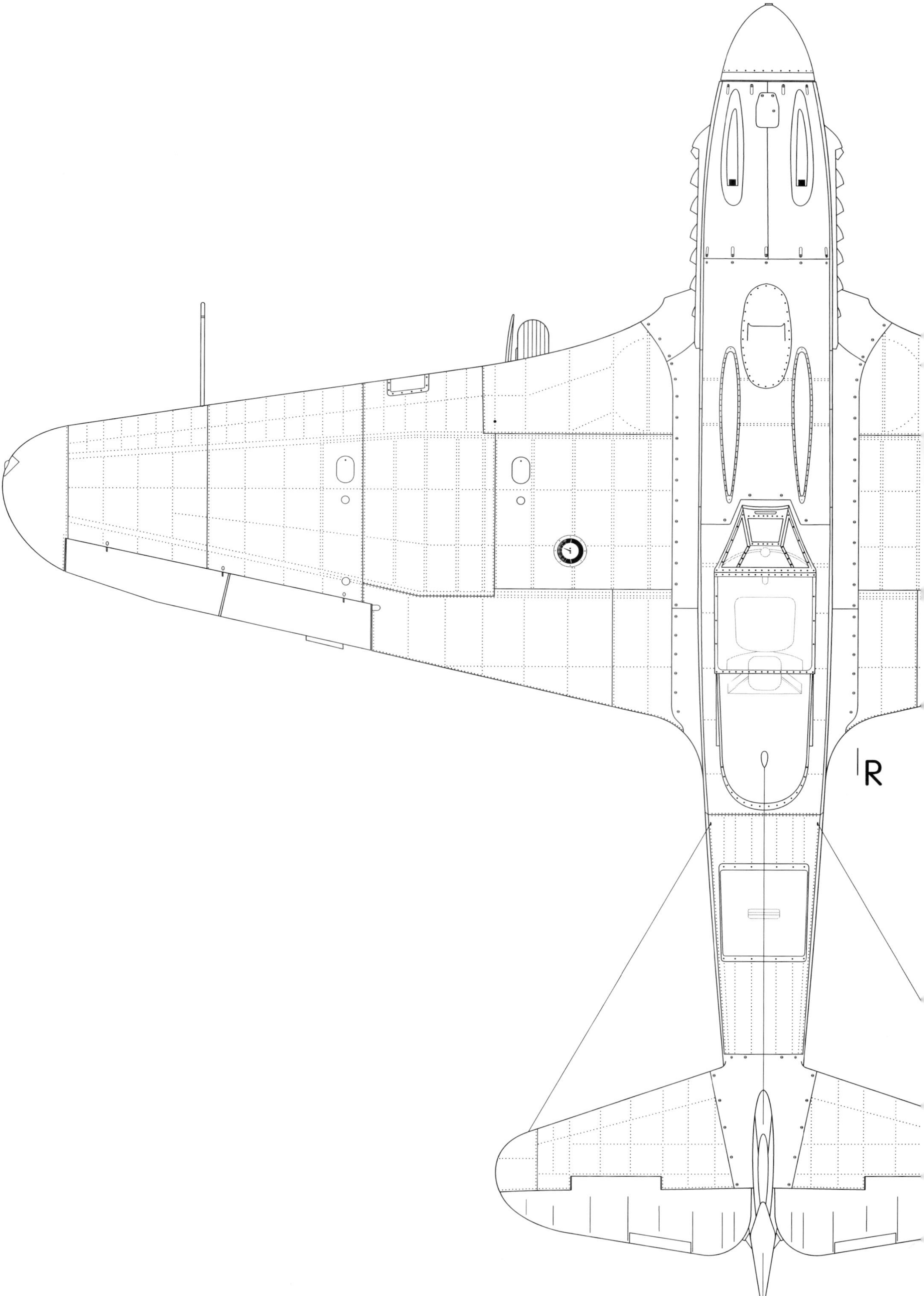
R

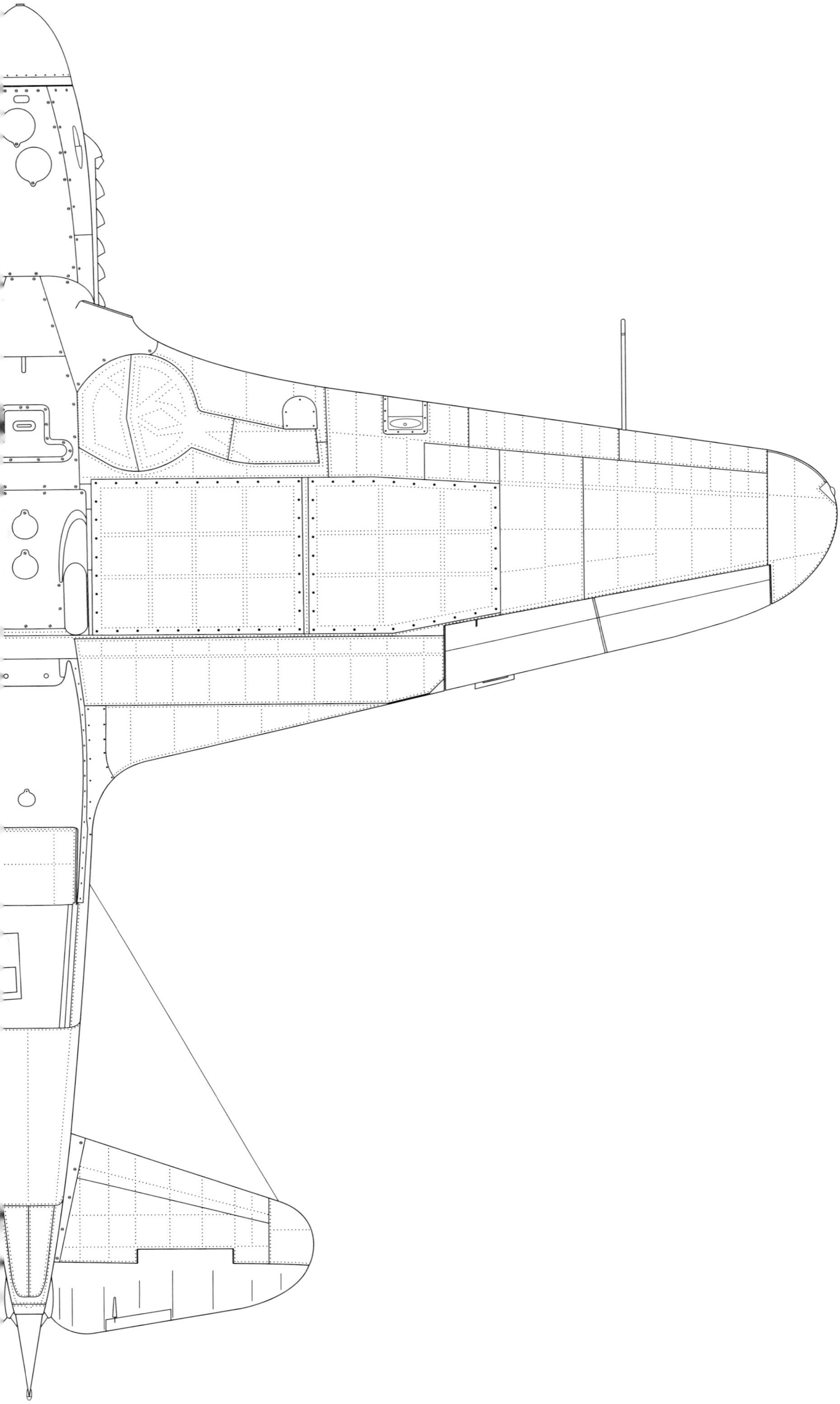

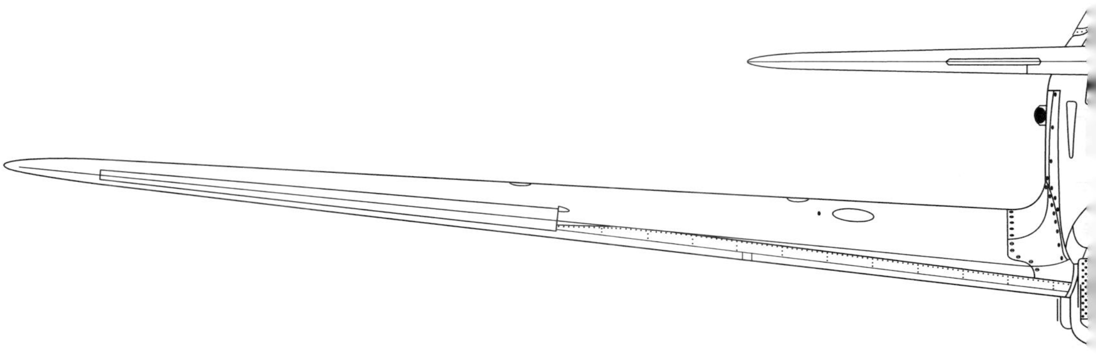

Yakovlev Yak-9U

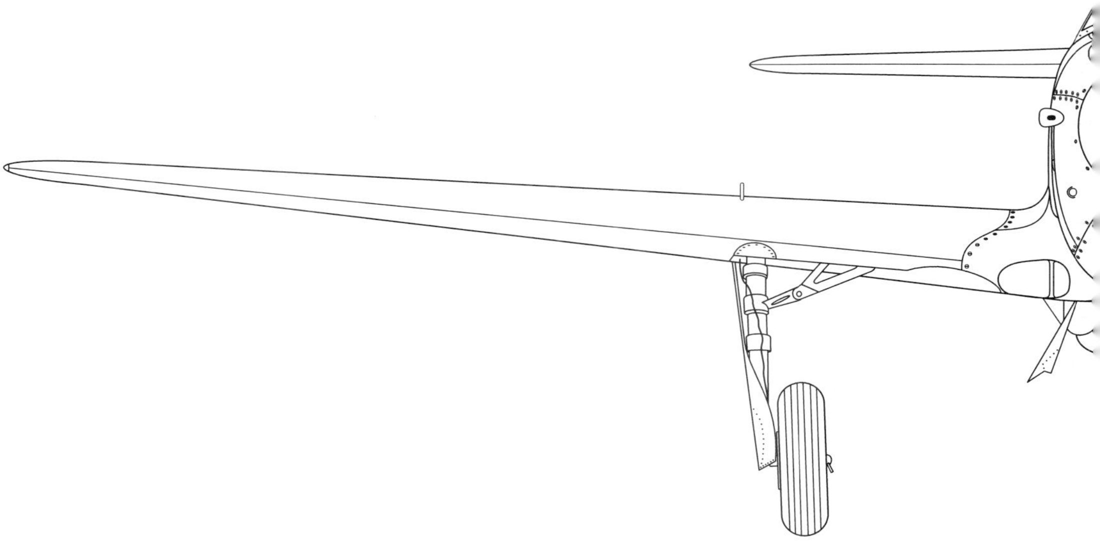

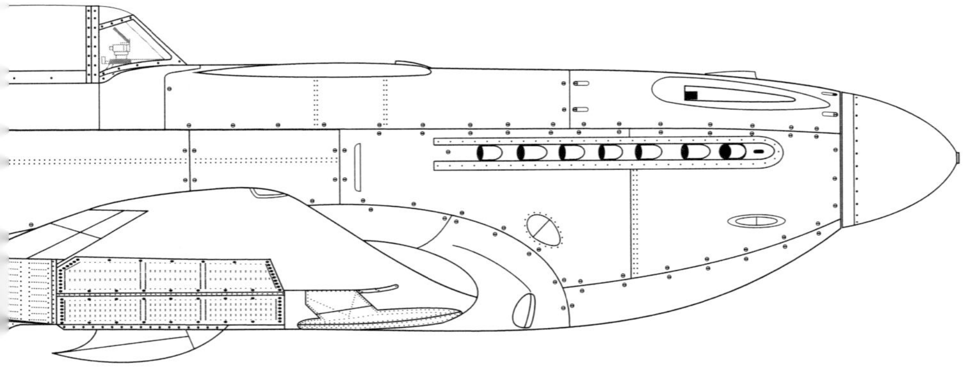

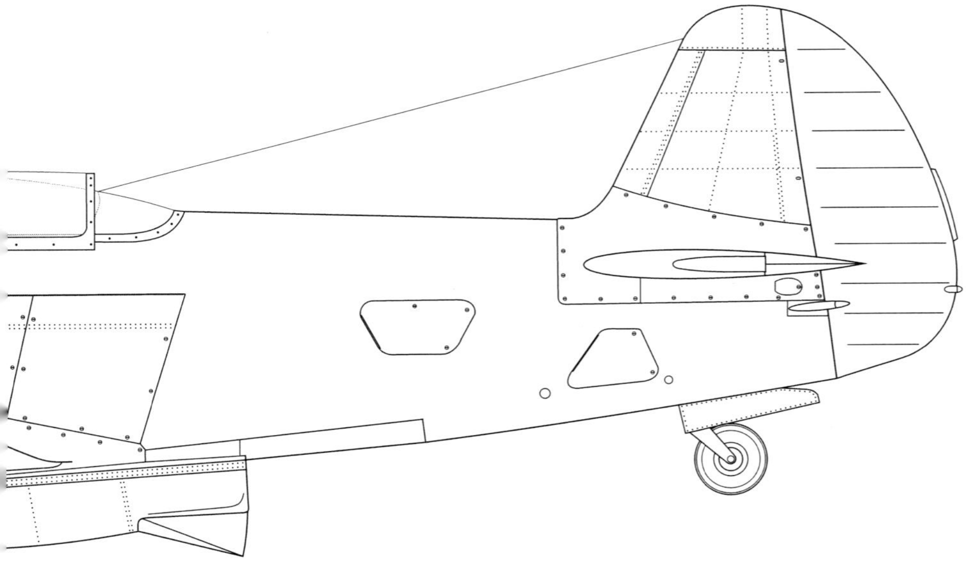

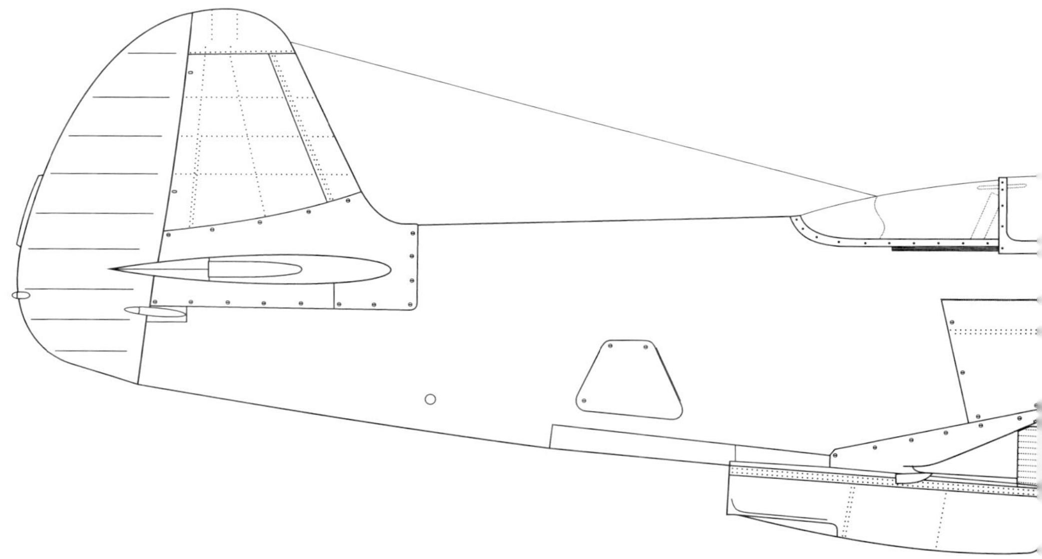

Yakovlev Yak-9U

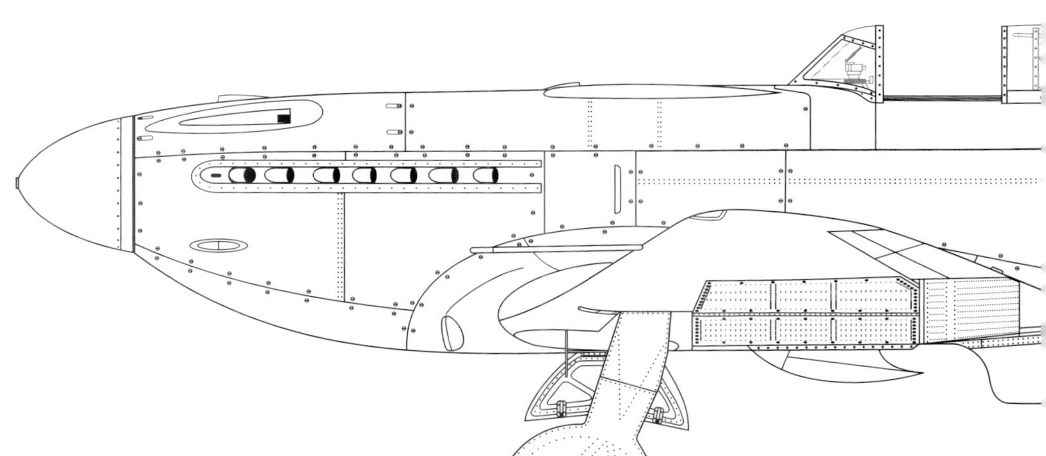

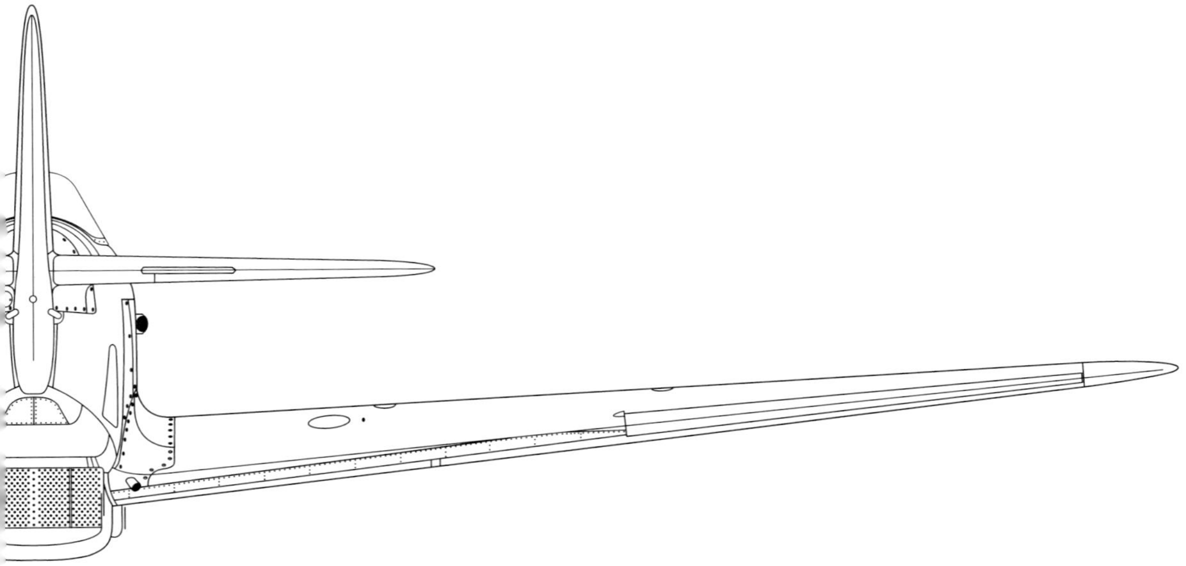

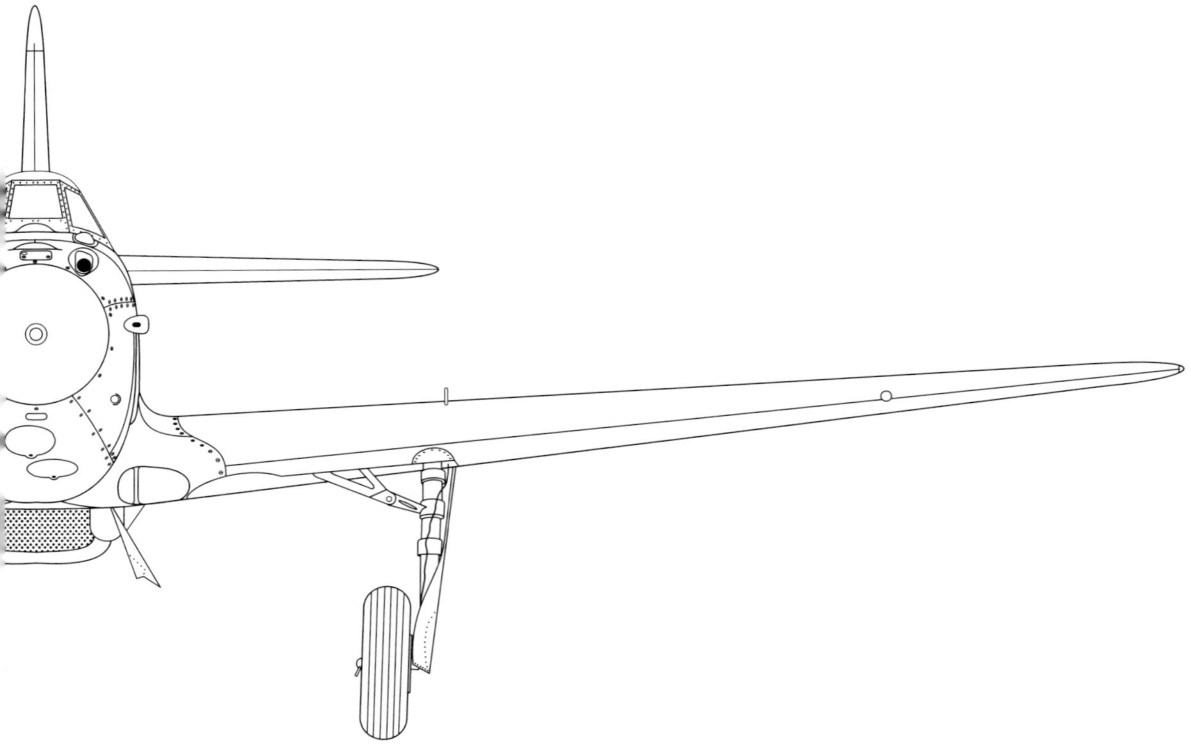

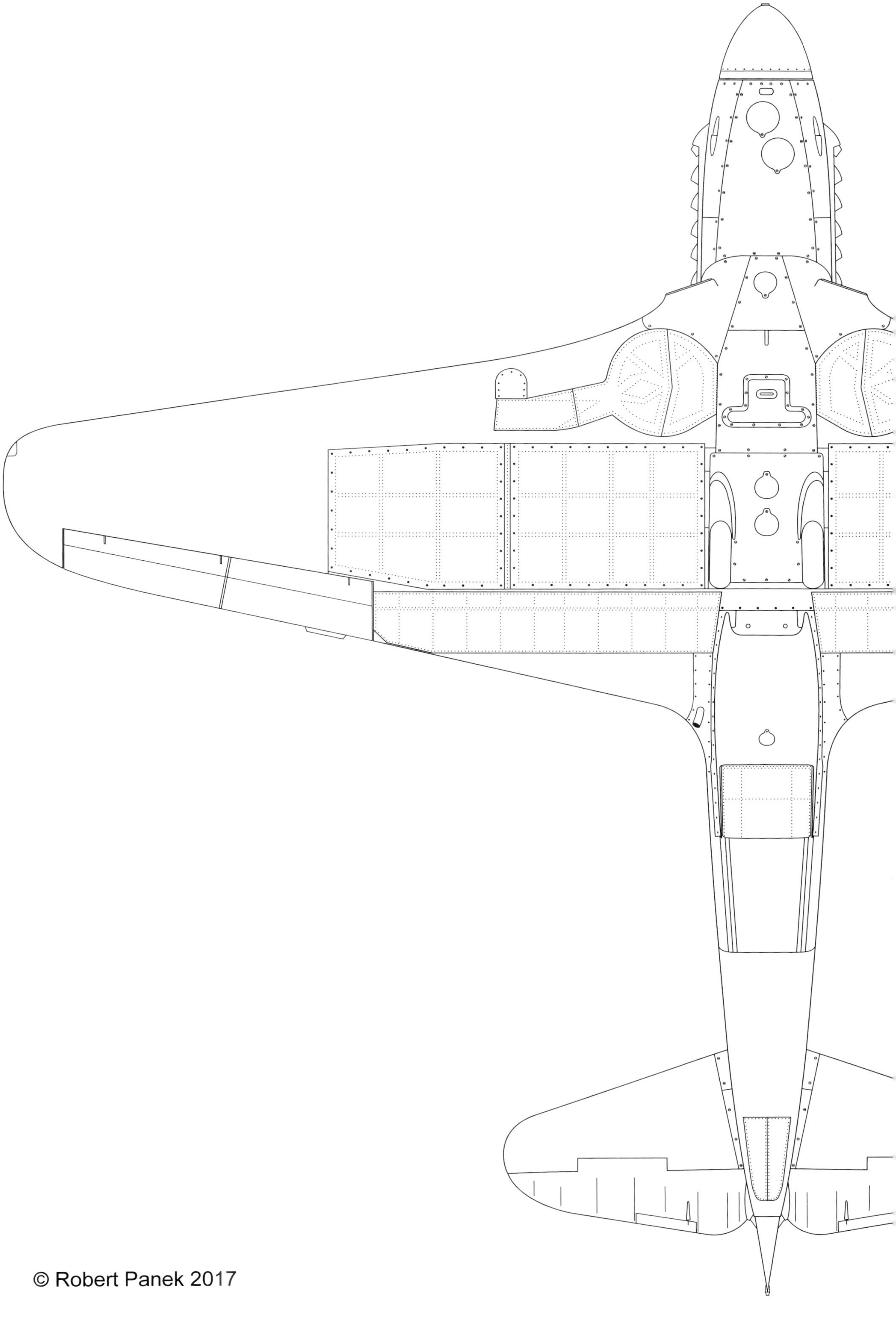

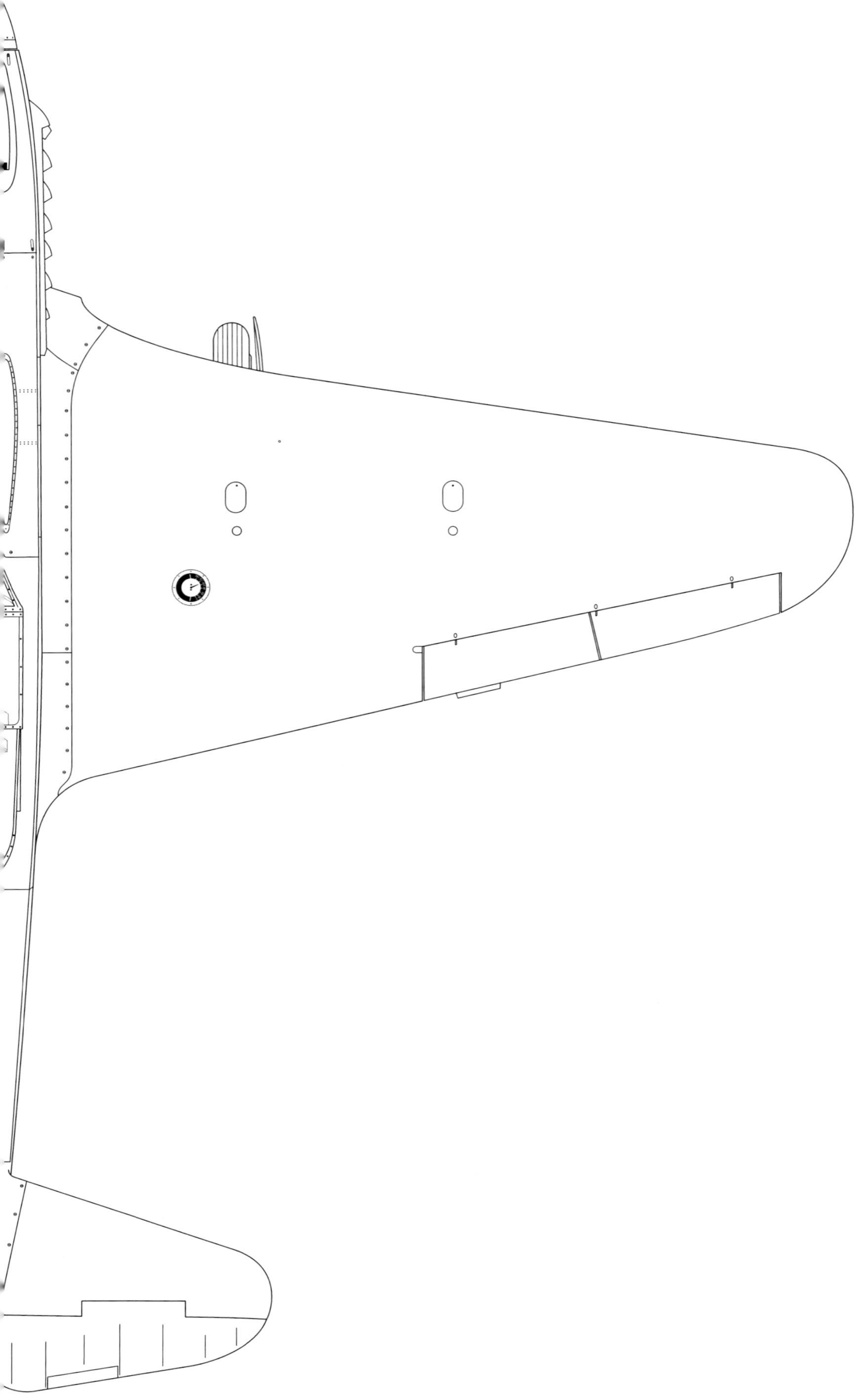

Yakovlev Yak-9U

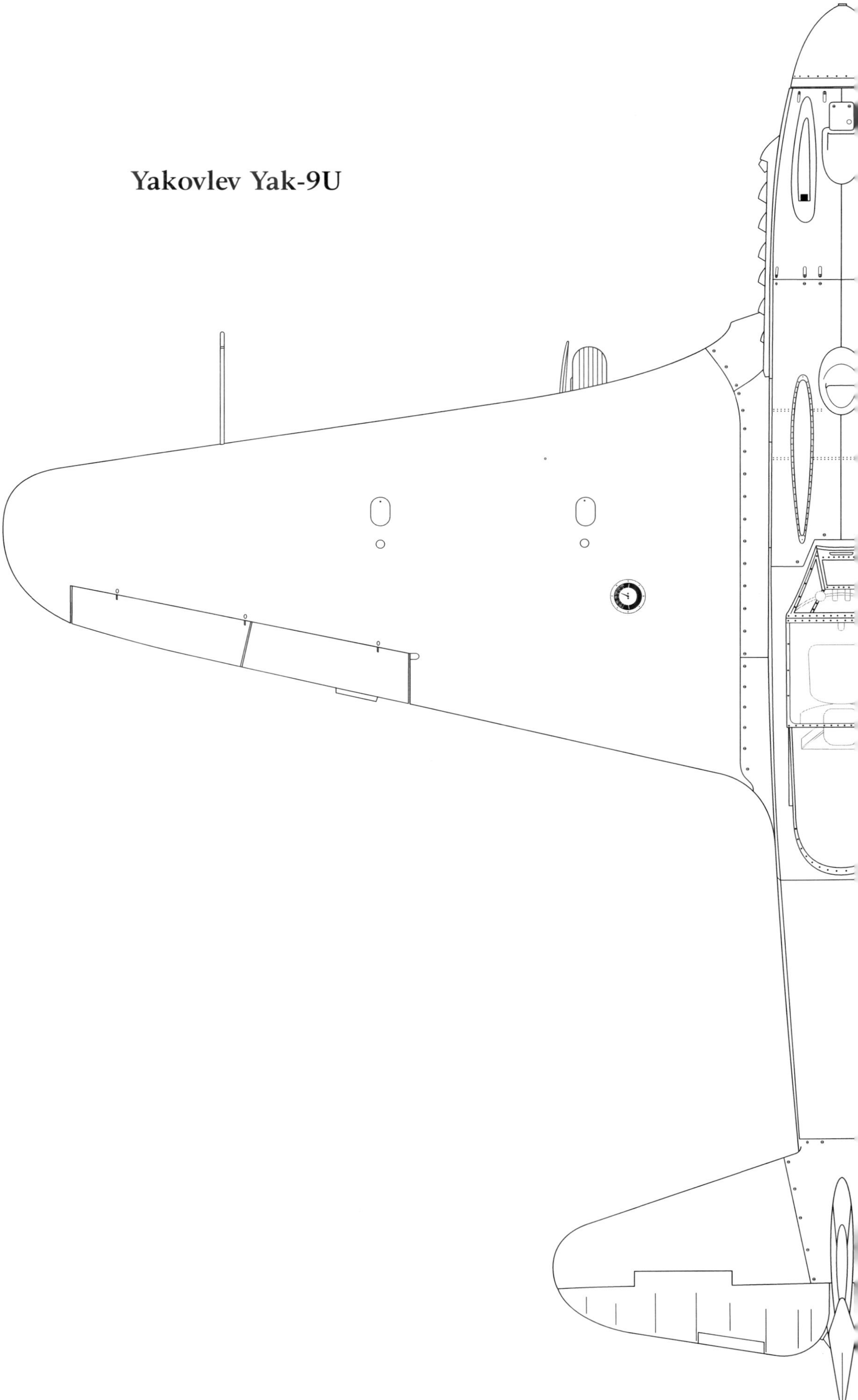

Yakovlev Yak-9U
1/32 Scale

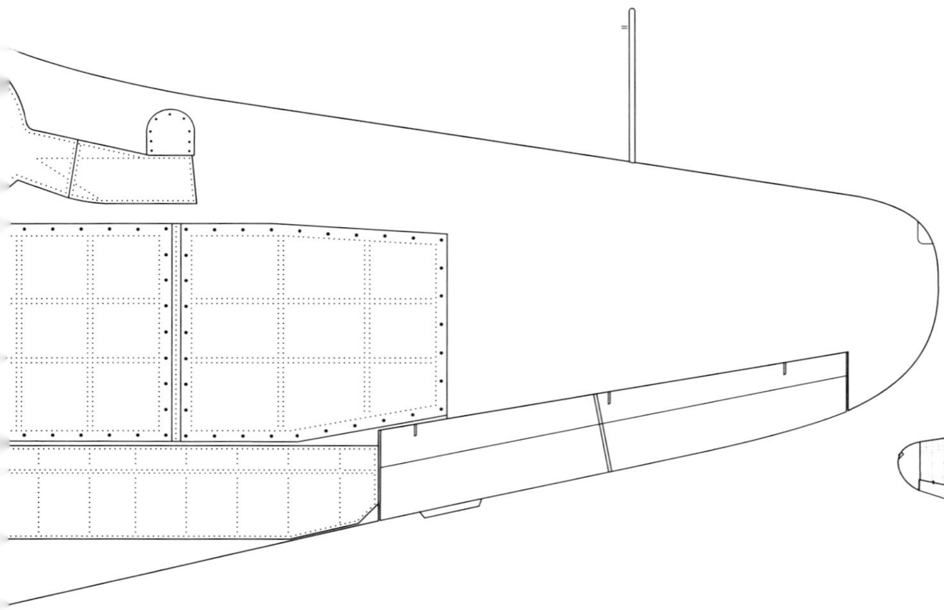

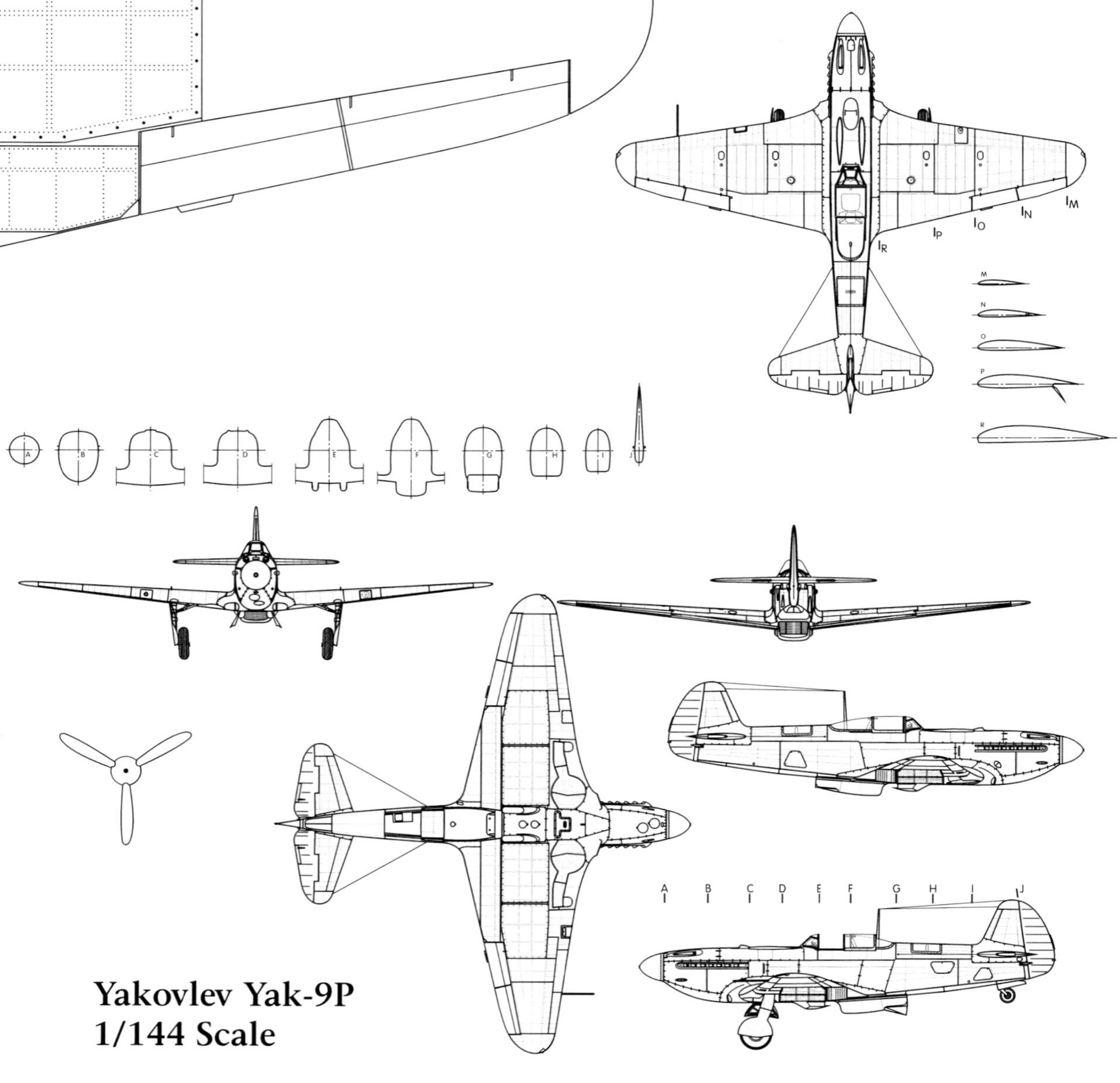

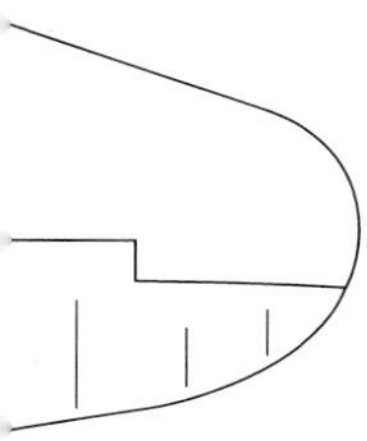

Yakovlev Yak-9P
1/144 Scale